www.tredition.de

Andreas Schmidt-Schweizer

„Verhandelte Revolution" oder „Transformation von innen"?
Charakteristika und Hintergründe des politischen Systemwechsels in Ungarn 1987–1990

„Tárgyalásos forradalom" vagy „rendszerváltás belülről"?
Az 1987–1990 közötti magyarországi politikai átmenet sajátosságai és háttere

"Negotiated revolution" or "transformation from within"?
Characteristics and Background of the Political-System Change in Hungary 1987–1990

© 2020 Andreas Schmidt-Schweizer

Verlag und Druck: tredition GmbH, Halenreie 40-44,
22359 Hamburg

ISBN
Paperback: 978-3-347-10228-6
Hardcover: 978-3-347-10229-3
e-Book: 978-3-347-10230-9

Inhaltsverzeichnis / Tartalomjegyzék / Table of contents

Vorwort

Die Studie, die hier in deutscher, ungarischer und englischer Sprache vorgelegt wird, ist die Bilanz von wissenschaftlichen Forschungen, die der Verfasser in den vergangenen drei Jahrzehnten über die politische Systemtransformation in Ungarn im letzten Drittel der 1980er Jahre durchgeführt hat. Aus diesen Untersuchungen gingen zahlreiche Publikationen hervor, die – zusammen mit der relevanten Sekundärliteratur und den wichtigsten Quellensammlungen in den genannten drei Sprachen – im Quellen- und Literaturverzeichnis aufgeführt sind. Anhand dieses Verzeichnisses, dass auch eine Übersetzung der Titel in die jeweiligen beiden anderen Sprachen enthält oder – eventuell – auf eine Version in einer zweiten Sprache verweist, kann sich der Leser vertieft mit dem Thema auseinandersetzen. Auch deshalb, insbesondere aber im Interesse einer erleichterten Lesbarkeit, verzichtet die Arbeit auf einen wissenschaftlichen Anmerkungsapparat. Nach drei Jahrzehnten, die der politische Systemwechsel in Ungarn nunmehr zurückliegt, und vor dem Hintergrund der gegenwärtigen politischen Situation in Ungarn erschien es dem Verfasser wichtig, einen mehrsprachigen, komprimierten und wissenschaftlich fundierten Rückblick auf diese spektakulären Jahre vorzulegen, der sich – über die Wissenschaft hinaus – insbesondere an einen breiten Kreis von historisch und politisch interessierten Lesern richtet.

Andreas Schmidt-Schweizer
Budapest, im August 2020

Előszó

Jelen tanulmány, amely német, magyar és angol nyelven egyaránt olvasható, azoknak a tudományos kutatásoknak a mérlegét vonja meg, amelyeket a szerző az elmúlt három évtizedben folytatott az 1980-as évek utolsó harmadában zajló magyarországi politikai rendszerváltásával kapcsolatban. Ezekből a vizsgálatokból számos publikáció született, amelyek listája – a három nyelven megjelent releváns szekunderirodalommal és a legfontosabb forrásgyűjteményekkel kiegészítve – a felhasznált forrásoknál és szakirodalomnál található meg. Az irodalomjegyzék tartalmazza a címek idegen nyelvi fordításait, és adott esetben utal a publikáció másik nyelven megjelent verziójára is. Ez alapján az olvasó jobban elmélyedhet a témában. A könnyebb olvashatóság kedvéért a munka nem tartalmaz tudományos jegyzetapparátust. Három évtizeddel a politikai rendszerváltás után, tekintettel Magyarország jelenlegi politikai helyzetére is, a szerző fontosnak tartja egy több nyelven megjelenő, tömör és tudományosan megalapozott visszatekintés közreadását a nevezetes évekről, amelyet – a tudományos világ mellett – elsősorban a történelem és politika iránt érdeklődők széles körének figyelmébe ajánl.

Schmidt-Schweizer, Andreas
Budapest, 2020. augusztusa

Preface

This study, which is presented here in German, Hungarian and English, is the result of academic research conducted by the author over the past three decades on the transformation of the political system in Hungary in the last third of the 1980s. These investigations have resulted in numerous publications, which – together with the relevant secondary literature and the most important source collections in the three languages mentioned – are set out in the list of sources and literature. Based on this list, which also contains a translation of the titles in the other two languages, and refers to versions in a second language, the reader can deal with the topic in greater depth. Also, for this reason, but especially in the interest of readability, the work dispenses with an academic annotation apparatus. After the three decades that have now passed since the change of the political system in Hungary, and against the background of the current political situation in that country, it seemed important to the author to present a multilingual, concise and scientifically based review of these spectacular years, one that – beyond the academic world – is aimed particularly at a broad circle of readers interested in history and politics.

Andreas Schmidt-Schweizer
Budapest, August 2020

„Verhandelte Revolution" oder „Transformation von innen"?

Charakteristika und Hintergründe des politischen Systemwechsels in Ungarn 1987-1990

I. Einführende Bemerkungen

Im letzten Drittel der 1980er Jahre setzten in den Staaten des sogenannten Ostblocks radikale politische Veränderungsprozesse ein, hinter denen sich letztlich die wirtschaftliche, gesellschaftliche und politisch-ideologische Totalkrise der sozialistischen Systeme verbarg. Diese dynamischen Entwicklungen, denen die Sowjetunion unter Michail Gorbatschow nichts mehr entgegensetzte, führten bekanntlich zum Ende der sogenannten realsozialistischen Ordnungen und zur Etablierung demokratisch-marktwirtschaftlicher Systeme nach westeuropäischem Muster. Diese Prozesse wiesen im Hinblick auf ihren zeitlichen Verlauf und ihre Art und Weise allerdings deutliche Unterschiede auf. (Auf die – gegenwärtig besonders aktuelle Frage – der Stabilität bzw. Dauerhaftigkeit der damals entstandenen politisch-wirtschaftlichen Ordnungen soll hier nicht eingegangen werden, die Kenntnis der jüngsten Geschichte könnte aber hilfreich sein, auch diesbezüglich Antworten zu finden.)

In der wissenschaftlichen Forschung wurden in den vergangenen Jahrzehnten die unterschiedlichsten Bezeichnungen verwendet, um die Transformationsprozesse in den einzelnen Staaten Ostmittel- und Südosteuropas zu charakterisieren. So wurden etwa – ausgenommen der Fall Rumäniens – die Begriffe „friedliche" oder „samtene Revolution", „lawfull" oder „self-limiting revolution" bzw. „reglementierte Revolution" oder „Refolution" verwendet, wobei mit Letzterem auf die Vermischung von Elementen einer Revolution und einer Reform angespielt wurde. Für den Verlauf des Systemwechsels in Polen und Ungarn wurde – und wird – in der Politik- und Geschichtswissenschaft in der Regel von einer „ausgehandelten" oder „verhandelten Revolution" gesprochen. Dieses Narrativ rückt die politischen Ausgleichsgespräche am Runden Tisch, also die Verhandlungen zwischen den Machthabern und der Opposition, in den Mittelpunkt des Transformationsprozesses.

Hinsichtlich der historischen Aufarbeitung des politischen Systemwechsels in Ungarn offenbart sich gegenwärtig die paradoxe Situation, dass zwar einerseits eine große Zahl von grundlegenden Quellen – nicht nur in ungarischer Sprache – in Form von gedruckten Publikationen oder über das Internet allgemein zugänglich ist und dass das – zum allergrößten Teil erhalten gebliebene – zentrale Quellenmaterial der Umbruchsjahre der Forschung in den ungarischen Archiven auch weiterhin zur Verfügung steht. Andererseits wird das vorherrschende Bild dieses historischen Prozesses in der Wissenschaft und Öffentlichkeit noch immer im Wesentlichen von den subjektiven Erfahrungen der damaligen Akteure geprägt, die – insbesondere auf Seiten der damaligen antisozialistischen Opposition – oft als Geistes- und Sozialwissenschaftler tätig waren bzw. sind. Ein wirklicher kontroverser, wissenschaftlich konstruktiver und über die Grenzen Ungarns hinausreichender Diskurs über den Charakter des ungarischen politischen Systemwechsels wurde bislang nicht geführt und wird wohl auch in absehbarer Zeit nicht geführt werden. Einer objektiven wissenschaftlichen Behandlung der Thematik stand und steht vor allem auch der Versuch der ungarischen Politik im Wege, die damaligen Ereignisse für ihre politisch-ideologischen Zwecke zu instrumentalisieren und die Wissenschaft in diesem Sinne „einzuspannen".

Die vorliegende historiografische Arbeit stellt im ersten Teil, losgelöst vom Korsett der – für den ungarischen Fall eher irreführenden und wenig aussagekräftigen – politikwissenschaftlichen Transformationstheorien, die meines Erachtens entscheidenden Ereignisse und Entwicklungen des ungarischen politischen Systemwechsels vor, zeigt die Rolle der einzelnen Akteure auf und geht letztlich der Frage nach, ob hier tatsächlich eine Charakterisierung als „verhandelte Revolution" oder überhaupt als „etwas Verhandeltes" zutreffend ist. Im zweiten Teil werden einige wesentliche

Hintergründe für den dargelegten spezifischen Verlauf der politischen Systemtransformation in Ungarn dargelegt. Hierzu ist es notwendig, einen kurzen Blick auf das sich nach dem Volksaufstand vom Herbst 1956 herausbildende politisch-ökonomische System, auf den sogenannten Kádárismus, zu werfen.

II. Verlauf und Eigenarten des politischen Systemwechsels in Ungarn

Mitte der 1980er Jahre geriet der ungarische Reformsozialismus – ähnlich den anderen kommunistischen Ordnungen im östlichen Europa – in eine offene, tiefe und umfassende Krise, die insbesondere im Bereich der Wirtschaft dramatische Ausmaße annahm. Das mangelhafte Funktionieren der realsozialistischen Ökonomien (einschließlich der liberalisierten Zentralverwaltungswirtschaft Ungarns) wurde nun – vor allem durch den Rückgang der Produktivität, durch den Verfall der internationalen Wettbewerbsfähigkeit sowie durch die wachsende technologische Zurückgebliebenheit bzw. den Mangel an Innovation – besonders offensichtlich. Parallel hierzu verschärften sich deviante Erscheinungen wie Selbstmord und Alkoholismus in der Gesellschaft, und im Bereich der Ideologie klafften Anspruch und Wirklichkeit immer weiter auseinander. Die ökonomischen Schwierigkeiten Ungarns wurden dadurch noch verschärft, dass die ungarische Führung seit den 1970er Jahren in zunehmendem Maße auf Westkredite zurückgegriffen hatte, um damit ihre Politik des kontinuierlich wachsenden Lebensstandards, den sogenannten Gulaschkommunismus, zu finanzieren. Ergebnis dieser Politik war, dass Ungarn in eine Schuldenfalle geriet und schließlich kaum mehr in der Lage war, seinen finanziellen Verpflichtungen nachzukommen.

Die überalterte Führung der Ungarischen Sozialistischen Arbeiterpartei (MSZMP) um János Kádár, der sogenannte Kádár-Zirkel, stand diesen Entwicklungen seit Herbst 1986, nach drei Jahrzehnten der Alleinherrschaft, immer ratloser gegenüber, und war deshalb schließlich auch bereit, neue, jüngere Kräfte in Führungspositionen aufsteigen zu lassen. Im Zuge des Mitte 1987 beginnenden Generationswechsels wurde das Politbüro-Mitglied Károly Grósz – dem der Kádár-Zirkel die Überwindung der Krise unter Wahrung der führenden Rolle der Partei am ehesten zutraute – zum Ministerpräsidenten ernannt, und der junge, marktwirtschaftlich versierte Ökonom Miklós Németh übernahm die Leitung der Wirtschaftspolitik. Beide Politiker verfolgten nun – vor dem Hintergrund der durch Gorbatschow eröffneten Möglichkeiten – einen Kurs, der nicht nur radikale ökonomische Spar- und Rationalisierungsmaßnahmen zur Krisenbekämpfung, sondern auch den Übergang zu einer „regulierten Marktwirtschaft" vorsah. In dieser sollte zwar einerseits weiterhin der sozialistische Sektor (Staatsbetriebe und Genossenschaften) eine vorrangige Rolle spielen, andererseits sollten aber auch die Eigentumsformen, insbesondere im (begrenzten) Privatsektor, entwickelt werden und es war vorgesehen, das Wirtschaftsleben selbst nicht mehr vorrangig durch den Plan, sondern im Wesentlichen durch den Markt zu koordinieren. (Damit ging das Vorhaben weit über die Ziele der ungarischen Wirtschaftsreformen von 1966/1968 hinaus.)

Für die weiteren politischen Entwicklungen war von besonderer Bedeutung, dass der neue wirtschaftspolitische Kurs durch innenpolitische Liberalisierungsmaßnahmen flankiert werden sollte, d. h. durch die prinzipielle Ausweitung der Freiheitsrechte der Bevölkerung im Rahmen des Einparteiensystems einschließlich der – im östlichen Lager einzigartigen – Gewährung eines weltweit gültigen Reisepasses für die ungarischen Staatsbürger. Hinter diesem Schritt verbarg sich die Auffassung, dass die Bekämpfung der Wirtschaftskrise und der Übergang zum Marktmechanismus nur bei aktiver Mitwirkung der mit politisch-ökonomischen Rechten ausgestatteten, durch den Paternalismus Kádárs bis dahin politisch entmündigten und passiven Bevölkerung sowie nur unter offener Artikulation der gesellschaftlichen Interessen erfolgreich sein könnten. Natürlich beabsichtigte die Führung mit ihren politischen Reformen auch, die Bevölkerung für die mit der wirtschaftlichen Konsolidierungs- und Transformationsphase – zumindest vorübergehend – verbundenen Einschränkungen im Lebensstandard zu entschädigen. Im ungarischen Fall sehen wir so deutlich, dass der politische Veränderungsprozess nicht aufgrund von Druck aus der Bevölkerungsmasse oder aus Oppositionskreisen – oder gar durch einen „Freiheitskampf des Volkes" – in Gang gesetzt wurde, sondern in erster Linie durch radikale ökonomische Vorhaben, zu denen sich jüngere „einsichtige Kräfte" in den Reihen der Machthaber vor dem Hintergrund der katastrophalen Wirtschaftslage und gegen den hinhaltenden Widerstand des Kádár-Zirkels durchgerungen hatten.

Nachdem Mitte 1987 bereits vier wesentliche Merkmale des Kádárismus, nämlich die Prinzipien der Plankoordinierung der Wirtschaft (in Form einer liberalisierten Zentralverwaltungswirtschaft), des kontinuierlich steigenden Lebensstandards, der Vollbeschäftigung und der politischen Nicht-Mobilisierung der Bevölkerungsmassen aufgegeben worden waren, fand die Ära Kádár im Frühjahr 1988 – mit der Ablösung János Kádárs als Generalsekretär – auch ihr offizielles Ende. Die Kräfte um den neuen Parteivorsitzenden, Ministerpräsident Károly Grósz, sowie um den Wirtschaftspolitiker Miklós Németh, den Generalsekretär der Patriotischen Volksfront, Imre Pozsgay, und den „Vater der Wirtschaftsreformen von 1968", Rezső Nyers, gingen nun daran, die – vom Kádár-Zirkel nicht wirklich akzeptierte – Konzeption der regulierten Marktwirtschaft umzusetzen. Gleichzeitig implementierten sie im Zeichen des „sozialistischen Pluralismus" eine Reihe von politischen Reformen, die vor allem der Gewährung des Versammlungs- und Vereinigungsrechts im Rahmen des Einparteiensystems, der Entwicklung der Arbeitnehmerrechte sowie der Entfaltung der innerparteilichen Demokratie dienen sollten.

Diese Politik löste allerdings – ähnlich wie in der Tschechoslowakei während des Prager Frühlings 1968 – in der ungarischen Gesellschaft dynamische Pluralisierungsprozesse aus, die in diesem Ausmaß von der neuen Partei- und Staatsführung nicht erwartet worden waren und schnell den Rahmen des „sozialistischen Pluralismus" sprengten. So kam es seit Frühjahr 1988 zur Gründung einer Vielzahl von Verlagen, alternativen Gewerkschaften und parteiunabhängigen gesellschaftlichen Vereinigungen, die bereits bestehenden oppositionellen Gruppierungen (insbesondere die liberal-urbane „Demokratische Opposition" und die national-traditionalistische „Volkstümliche Opposition") die intensivierten ihre Aktivitäten und es erfolgte die Neugründung oder Reaktivierung von politischen Organisationen bzw. Parteien, die bereits offen bürgerlich-demokratische Zielsetzungen verfolgten. Diese Pluralisierungsprozesse beschränkten sich im Allgemeinen allerdings auf die hauptstädtischen, zersplitterten und untereinander stark zerstrittenen kleinen Intellektuellenkreise, waren mit keiner dauerhaften Massenmobilisierung verbunden und konnten so auch keinen unmittelbaren, wirksamen und zielgerichteten politischen Druck auf die Herrschenden ausüben. Die diffusen innenpolitischen Entwicklungen stellten die Machthaber aber spätestens im Herbst 1988 vor die Alternative, die Pluralisierungsprozesse entweder – wie 1968 in der Tschechoslowakei oder 1956 in Ungarn – gewaltsam zu unterdrücken, oder die Veränderungen zu akzeptieren und zu versuchen, sich an ihre Spitze zu stellen, um den politischen Veränderungsprozess „in Eigenregie" zu vollziehen und zu ihren eigenen Gunsten zu beeinflussen.

Nach intensiven politischen Diskussionen innerhalb der Ungarischen Sozialistischen Arbeiterpartei kam es schließlich Ende 1988/ Anfang 1989 zur entscheidenden Wende. Gegen den wachsenden Widerstand der Kräfte um Generalsekretär Károly Grósz, die derart radikale politische Veränderungen nicht mehr mittrugen, sprachen sich nun führende Vertreter aus Partei und Staat, in erster Linie Politbüro-Mitglied Imre Pozsgay und – der mittlerweile zum Regierungschef aufgestiegene – Miklós Németh, offen für die Transformation der politischen Ordnung aus, also zugunsten des Übergangs zu einer demokratisch-pluralistischen Ordnung ohne „sozialistische Vorzeichen". Und auch im Bereich der Wirtschaft plädierten diese – nunmehr eigentlich nicht mehr als „radikale Reformer", sondern als „Transformer" zu bezeichnenden – Kräfte von nun an zugunsten einer radikalen, marktwirtschaftlichen Eigentumsreform unter Beendigung der bislang festgeschriebenen Dominanz der gesellschaftlichen Eigentumsformen. Die Partei spaltete sich infolgedessen in einen „konservativen Flügel", der an den Prinzipien des sozialistischen Pluralismus und einer sozialistischen Marktwirtschaft bzw. an einem – wie auch immer gearteten – Sozialismuskonzept festhielt, und in den sogenannten Reformflügel, der – mittlerweile auch weit über die Zielsetzungen Gorbatschows in der Sowjetunion hinausgehend – eine vollständige Transformation der politischen und wirtschaftlichen Ordnung anstrebte.

Für die weiteren Entwicklungen waren nun zwei Faktoren ausschlaggebend: Zum einen die zukünftige politische Rolle der Oppositionsbewegungen, zum anderen die Entwicklung der Kräfteverhältnisse innerhalb der Ungarischen Sozialistischen Arbeiterpartei und der Regierung. Während es der Opposition bis Mitte März 1989 nicht gelang, ihre innere Zerrissenheit und politisch-organisatorische Schwäche zu überwinden, sich nennenswerten Rückhalt in der Bevölkerung zu verschaffen und mit vereinten Kräften gegen die Machthaber aufzutreten, drängten die partei- und regierungsinternen Kräfte um Németh und Pozsgay, unterstützt vom Großteil der – sich in „Reformzirkeln" organisierenden – Parteibasis und den sogenannten Reformintellektuellen, die konservativen Kräfte um Grósz zurück und unternahmen bis Mitte März 1989 mehrere grundlegende Schritte zur Demokratisierung der politischen Ordnung.

Erstens setzten sie im Januar 1989 – westlichen Maßstäben entsprechende und nicht durch das Attribut „sozialistisch" eingeschränkte – Vereinigungs-, Versammlungs- und Streikgesetze durch, womit sie eine wesentliche Voraussetzung zur Entstehung einer modernen Zivilgesellschaft in Ungarn schufen.

Zweitens erreichten sie im Februar 1989 – gegen anfänglich starke Widerstände –, dass sich das Politbüro und das Zentralkomitee zugunsten der prinzipiellen Akzeptanz eines kompetitiven Mehrparteiensystems aussprachen. Auch wenn dieses nur schrittweise verwirklicht werden sollte, so bedeutete diese Entscheidung doch, dass die Partei damit auf ihre festgeschriebene Führungsrolle verzichtete und so letztlich auch einen möglichen Machtverlust in Kauf nehmen musste.

Drittens kam es im Februar 1989 auf Betreiben von Imre Pozsgay dazu, dass die Ereignisse vom Herbst 1956 parteioffiziell radikal neuinterpretiert wurden: An die Stelle der „Konterrevolution" trat nun eine Bewertung als „Volksaufstand". Dies war insofern von großer symbolischer Bedeutung, als dass dadurch die über drei Jahrzehnte alte Selbstlegitimierung der Alleinherrschaft des Kádár-Regimes bzw. der Ungarischen Sozialistischen Arbeiterpartei verworfen wurde. (Kádár hatte nämlich die Legitimität seiner Machtübernahme mit der Rechtmäßigkeit der Niederschlagung der Volkserhebung von 1956, die dementsprechend als „Konterrevolution" bezeichnet wurde, begründet.)

Und viertens setzten sie auf Parteiebene und im Parlament im Februar/März 1989 die Annahme einer Konzeption zur Totalrevision der Verfassung durch, die radikal mit den kommunistischen Verfassungsprinzipien brach und die Etablierung eines Rechtsstaats, einer parlamentarischen Demokratie und einer Marktwirtschaft vorsah.

Außenpolitisch sicherte Ministerpräsident Németh währenddessen die Demokratisierungspolitik gegenüber der Sowjetunion, die zu diesem Zeitpunkt aber bereits vor allem mit sich selbst, also mit ihren eigenen gewaltigen Problemen beschäftigt war, ab und warb gleichzeitig – unter tatkräftiger Mitwirkung und Initiative des ungarischen Botschafters in Bonn, István Horváth – erfolgreich um die wirtschaftlich-finanzielle und politisch-diplomatische Unterstützung des ungarischen politischen und ökonomischen Transformationsprozesses durch die bundesdeutsche Politik, Wirtschaft und Finanzwelt. Dabei wirkte sich positiv aus, dass die Bundesrepublik die Entwicklungen in Ungarn bereits seit zwei Jahrzehnten mit besonderem Interesse verfolgt und – im Vergleich zu den anderen Staaten des „östlichen Lagers" – erstaunlich intensive wirtschaftliche und politische Kontakte zu den kleinen Donaustaat aufgebaut hatte.

Die grundsätzlichen Schritte zur Transformation der politischen Ordnung waren damit in Ungarn, parallel zur Einleitung der ökonomischen Systemtransformation, bis Mitte März 1989 auf der Partei- und Staatsebene erfolgt, und zwar – ganz im Gegensatz zu den Entwicklungen in der Volksrepublik Polen – ohne unmittelbaren und entscheidenden Druck aus der zumeist auch weiterhin passiven ungarischen Gesellschaft bzw. ohne Mitwirkung der – weiterhin zersplitterten – Opposition. In Ungarn gab es bis Frühjahr 1989 eben gerade keine mächtige und geeinte oppositionelle Gewerkschaftsbewegung wie die polnische „Solidarität" und keine religiös-nationale Kraft wie die polnische katholische Kirche, die – als gesellschaftliche Kondensationskerne – massiven politischen Druck auf die Machthaber hätten organisieren und eine wirkliche politische Pattsituation hätten herbeiführen können.

An diesem Punkt stellt sich nun die Frage, was die ungarischen Machthaber dazu veranlasste, vom Konzept des „sozialistischen Pluralismus" abzulassen und sich auf das Experiment eines politischen Systemwechsels (damals vor allem aus taktischen Gründen noch als „Modellwechsel" bezeichnet) einzulassen. Diesbezüglich sind drei Aspekte von Bedeutung.

Ein Gesichtspunkt war die – auch von den „Altkádáristen" und den konservativen Kräften um Ex-Regierungschef Grósz akzeptierte – Tatsache, dass die Anwendung von Gewalt zur Unterbindung oder Begrenzung des Pluralisierungsprozesses 1988/1989 keine realistische Alternative mehr darstellte. Im Gegensatz zum Jahre 1956 verfügten die Machthaber in Ungarn nämlich über keine garantierte Rückendeckung aus Moskau mehr und mussten so letztlich völlig unkalkulierbare Entwicklungen fürchten – angefangen von Protestbewegungen und Massenmobilisierungen über einen Generalstreik bis hin zu einem blutigen Bürgerkrieg. Darüber hinaus hätte eine parteistaatliche Gewaltanwendung sicherlich zu einem westlichen (insbesondere westdeutschen) Finanz- und Wirtschaftsboykott und damit zum Zusammenbruch der ungarischen Ökonomie geführt.

Den zweiten Aspekt bildete die Erkenntnis der Politiker um Németh und Pozsgay, dass der Sozialismus grundsätzlich nicht mehr zu reformieren war bzw. sein Reformpotenzial unter Kádár vollständig ausgeschöpft worden war und eine angemessene, moderne Entwicklung der ungarischen Wirtschaft und Gesellschaft – unter den grundlegend gewandelten internationalen Bedingungen des ausgehenden 20. Jahrhunderts (Prozess der wirtschaftlichen und kulturellen Globalisierung, dynamische Entwicklung der Informationsgesellschaft usw.) – nur durch einen konsequenten Übergang zu einer marktwirtschaftlich-pluralistischen Ordnung sicherzustellen war.

Als dritter, besonders bedeutungsvoller Gesichtspunkt kann schließlich die bis Herbst 1989 – keineswegs unrealistisch erscheinende – Hoffnung der Transformer betrachtet werden, sich durch die aktive Betreibung eines umfassenden Systemwechsels in die neue Zeit hinüberretten zu können. Der ungarische Soziologe Elemér Hankiss formulierte diesen Sachverhalt bereits 1989 folgendermaßen: *„Ist es überhaupt möglich und wahrscheinlich, dass die [herrschende] ungarische Elite das Risiko trägt, das der Übergang zu einer neuen wirtschaftlichen und gesellschaftlichen Ordnung für sie bedeutet? Dies ist nur in einem einzigen Fall vorstellbar: Sie könnte und kann sich nur dann auf das Experiment einlassen, wenn [...] sie verhältnismäßig gute Chancen hat, ihre [...] bestehenden Privilegien und ihre Autorität in Macht und Vorrechte innerhalb des neuen Systems umzuwandeln."* (Hankiss, 1989, S. 15) Ende 1989 sollte sich allerdings zeigen, dass diese Kalkulation für viele, wenn auch nicht alle partei- und regierungsinternen Transformer eine Fehlkalkulation war.

Erst nach den vorgestellten grundlegenden Entscheidungen auf der Partei- und Regierungsebene gelang es den zahlreichen kleinen und heterogenen ungarischen Oppositionsbewegungen Mitte März 1989, sich zu einer gemeinsam gegenüber den Machthabern auftretenden Kraft, zum sogenannten Oppositionellen Runden Tisch, zusammenzuschließen. Erst jetzt konnten sie sich einen gewissen

Rückhalt in der Bevölkerung verschaffen und beginnen, zielgerichtet politischen Druck auf die Herrschenden auszuüben. Am 15. März 1989, dem Jahrestag der ungarischen Revolution von 1848, traten die oppositionellen Hauptströmungen, das national-traditionalistische Ungarische Demokratische Forum (MDF) und der urban-liberale Bund Freier Demokraten (SZDSZ), sowie eine Vielzahl von kleineren Organisationen erstmals gemeinsam auf und konnten so den Machthabern bei den Gedenkfeierlichkeiten den öffentlichen Raum strittig machen.

In den folgenden drei Monaten festigte nicht nur die vereinigte Opposition ihre Position gegenüber den Machthabern, sondern es gelang auch den Politikern um Németh und Pozsgay, die „Bremser" in Staat und Partei zu entmachten und den Transformationsprozess fortzusetzen. Ganz entscheidend in dieser Phase waren nun die Veränderungen, die innerhalb der Ungarischen Sozialistischen Arbeiterpartei selbst erfolgten: Im Mai 1989 beschloss das Zentralkomitee, die Kaderkompetenzen der Partei aufzuheben, sie verzichtete also auf das Vorrecht, die Führungspositionen in den staatlichen und gesellschaftlichen Institutionen entsprechend der sogenannten Nomenklatur zu besetzen. Damit kam es zu einer grundlegenden Veränderung im Verhältnis von Staat und Partei und die Partei verlor – zumindest de jure – ihren Charakter als Staatspartei bzw. Ungarn seinen Charakter als Parteistaat. Dies bedeutete auch, dass der Ministerpräsident bzw. die Regierung nunmehr immer unabhängiger von der Partei agieren konnte und Miklós Németh noch im Mai 1989 sein Kabinett grundlegend umgestalten bzw. mit überzeugten Anhängern der Systemtransformation (Gyula Horn, Ferenc Glatz, László Békesi und anderen) „auffüllen" konnte. Im Juni 1989 fand dann auch die typische „bolschewistische" Organisationsform der Partei ihr Ende: Die Parteiführung wurde vom Generalsekretär auf ein vierköpfiges kollektives Führungsgremium übertragen und das Politbüro von einem sogenannten Politischen Verwaltungsausschuss abgelöst. Damit wurde auch der konservative Flügel um Károly Grósz endgültig entmachtet.

Die politischen Entwicklungen in Ungarn mündeten Mitte Juni 1989 in die Verhandlungen am Nationalen Runden Tisch. Bei diesen Ausgleichsgesprächen konnte die vereinigte Opposition als gleichberechtigter Verhandlungspartner – neben der herrschenden Partei und den parteinahen Massenorganisationen – erstmals tatsächlichen Einfluss auf den politischen Transformationsprozess nehmen, das heißt, an der Ausarbeitung der Modalitäten des Übergangs zur Demokratie, an der konkreten Ausgestaltung der zukünftigen demokratischen Verfassungsordnung sowie an der Festlegung des Wahlrechts mitwirken.

Die Bedeutung der Rundtisch-Gespräche wurde allerdings nicht nur dadurch geschmälert, dass sie – im Gegensatz zu Polen – erst in der Spätphase des Systemwechsels, nach den Grundsatzentscheidungen zur politischen und wirtschaftlichen Transformation, stattfanden, sondern auch dadurch, dass hier nicht über wirtschafts-, sozial-, außen-, kultur- und bildungspolitische Fragen verhandelt wurde. Dies bedeutete, dass die Regierung unter Ministerpräsident Németh, die die Parteiführung – ganz im Sinne des Demokratisierungsprozesses – mittlerweile als politisches Entscheidungszentrum abgelöst hatte, den Systemwechsel in diesen Bereichen gänzlich in Eigenregie fortsetzen konnte. Dies traf – besonders spektakulär – für die ungarische Außenpolitik, an deren Spitze seit Mai 1989 Gyula Horn stand, zu: Nachdem Ende Februar 1989 noch die Parteiführung unter Károly Grósz beschlossen hatte, den „Eisernen Vorhang" an der Grenze zu Österreich abbauen zu lassen, und Anfang Mai 1989 mit der Demontage begonnen worden war, entschied die Regierung Németh, die Bürger der DDR, die sich in Ungarn aufhielten und nicht nach Ostdeutschland zurückkehren wollten, am 11. September 1989 nach Westen ausreisen zu lassen. Parallel hierzu unternahm die Regierung in der Wirtschaftspolitik – ebenfalls ohne jegliche Einflussnahme der Opposition – zahlreiche weitere Schritte, die grundlegende Bedeutung für den ökonomischen Transformationsprozess hatten. Der Inkraftsetzung des Gesetzes über die Wirtschaftsgesellschaften im Januar 1989 folgten so unter anderem die Verabschiedung des Gesetzes über die Staatliche

Vermögensagentur als zentrales Organ der Privatisierung und zahlreiche investitions-, gesellschafts- und steuerrechtliche Rechtsnormen zur Etablierung einer Marktwirtschaft. Und in der Kultur- und Bildungspolitik leitete der Historiker Ferenc Glatz mit einer Reihe von Gesetzen und Verordnungen den Übergang zu einem pluralistischen, nach Westen gerichteten Kultur- und Bildungswesen ein und befreite die ungarischen Kirchen von ihren „sozialistischen Fesseln".

Währenddessen wurden Mitte September 1989 die Ausgleichsverhandlungen zwischen den Machthabern und der Opposition beendet. Ihre Ergebnisse bildeten eine Reihe von Gesetzentwürfen, darunter über das Wahlrecht, die Parteien und die Revision der Verfassung. Letztere Vorlage bildete die Grundlage für die Verfassung der Republik Ungarn, die am 23. Oktober 1989 in Kraft trat. Zwar handelte es sich hierbei – wie auch in der angesprochenen Verfassungskonzeption vorgesehen – nur um eine Revision der alten Verfassung der Volksrepublik Ungarn aus dem Jahre 1949, das modifizierte Grundgesetz brach allerdings vollkommen mit den Prinzipien der realsozialistischen Gesellschaftsordnung und bekannte sich uneingeschränkt zu den Grundsätzen einer demokratischen Verfassungsordnung, das heißt zu Rechtsstaatlichkeit und Gewaltenteilung, zu Volkssouveränität und parlamentarischer Demokratie, zu Pluralismus und Mehrparteiensystem sowie zu einer marktwirtschaftlichen Ordnung. (Die Erörterung der im vergangenen Jahrzehnt aufgeworfenen Frage, ob die „Verfassung von 1989" für die ungarische Gesellschaft angemessen war, oder ob es sich um ein Grundgesetz handelte, das ihr von westlich orientierten Intellektuellen „übergestülpt" wurde, würde eine eigene Studie erfordern.)

Wenige Wochen nach den Ausgleichsgesprächen kam es in Ungarn noch zu einem Ereignis, das einzigartig in der Parteiengeschichte ist und zudem ein bezeichnendes Licht auf die Art und Weise des ungarischen Systemwechsels wirft: Auf ihrem Parteitag im Oktober 1989 löste sich die 1956 von János Kádár und anderen

Kommunisten ins Leben gerufene Ungarische Sozialistische Arbeiterpartei (MSZMP) selbst auf und die Delegierten gründeten die Ungarische Sozialistische Partei (MSZP), die sich politisch-ideologisch und organisatorisch radikal von ihrer Vorgängerorganisation unterschied, das heißt, sich betont basisdemokratisch organisierte und sich an einer reformistischen Konzeption des Sozialismus orientierte. Damit wurde nicht nur ein endgültiger Schlussstrich unter die Geschichte der Ära Kádár gezogen, sondern es entstand auch eine neue linke, demokratiekompatible Partei.

Mit dem Inkrafttreten der Verfassungsänderungen und der Proklamation der Republik Ungarn am 23. Oktober 1989 war der Prozess der politischen Systemtransformation – zumindest in staatsrechtlichem Sinne – abgeschlossen. Im Frühjahr 1990 konnte es daraufhin zu freien Parlamentswahlen kommen, die zu einem weitgehenden politischen Elitenwechsel und zur Bildung einer national-konservativen Regierung unter József Antall, dem Vorsitzenden des Ungarischen Demokratischen Forums (MDF), führten. Die neue Regierung leitete eine Phase der demokratischen Konsolidierung ein, während der die letzten Relikte der kommunistischen Ära beseitigt wurden und das System der örtlichen Selbstverwaltungen den neuen Gegebenheiten angepasst wurde.

Blicken wir nun zusammenfassend auf die politischen Ereignisse in Ungarn in den Jahren von 1987 bis 1990 zurück, so kann folgendes Fazit gezogen werden:

1) Vor dem Hintergrund der politischen Entwicklungen in der Sowjetunion und der katastrophalen Wirtschafts- und Finanzsituation Ungarns beschloss die ungarische Führung nicht nur den Übergang zu einer marktwirtschaftlichen Koordinierung des Wirtschaftslebens, sondern implementierte auch radikale politische Reformen, die schließlich eine – ursprünglich nicht beabsichtigte – Eigendynamik entwickelten.

2) Nachdem sich der „Reformflügel" (also die Transformer) innerhalb der Partei dazu entschlossen hatte, sich an die Spitze auch

des politischen Veränderungsprozesses zu stellen, erfolgten bis Mitte März 1989 die prinzipiellen Entscheidungen zur Transformation der politischen Ordnung, und zwar ohne unmittelbaren und entscheidenden Druck aus der Gesellschaft bzw. aus der Opposition heraus.

3) Den oppositionellen Bewegungen gelang es erst im Juni 1989, sich drei Monate lang in den politischen Transformationsprozess einzuschalten, wobei sie an der Bestimmung der Modalitäten des politischen Übergangs sowie an der konkreten Ausgestaltung des Wahlrechts, des Parteiengesetzes und der Verfassungsordnung mitwirken konnten. Die Verhandlungen am Nationalen Runden Tisch selbst wurden aber weniger – wie in Polen – infolge einer dauerhaften Pattsituation zwischen dem Regime und der Opposition eingeleitet, sondern sie lagen vielmehr in der inneren Logik des durch die Politiker um Németh und Pozsgay betriebenen Transformationsprozesses – oder anders ausgedrückt: Mit der Einleitung der Gespräche demonstrierten die Transformer, dass sie es mit der Demokratisierung ernst meinten. (Eine Weigerung, Ausgleichsgespräche zwischen gleichberechtigten Partnern zu führen, hätte die Demokratisierungspolitik Némeths und Pozsgays diskreditiert, ebenso wie eine Nicht-Öffnung der Grenze im September 1989 die Außen- und Westöffnungspolitik der ungarischen Regierung infrage gestellt hätte.)

4) Bei dem im Oktober 1989 im Wesentlichen abgeschlossenen politischen Transformationsprozess handelte es sich also – so mein Fazit – nicht um eine etwas „Ausgehandeltes" beziehungsweise um eine „ausgehandelte" oder „verhandelte Revolution", sondern im Wesentlichen um eine „Transformation von innen", eingeleitet und größtenteils durchgeführt von den Transformern in der herrschenden Partei bzw. Regierung. (Der Begriff „Revolution" ist im ungarischen Fall besonders problematisch, weil hier zwar hinsichtlich der Ergebnisse des Veränderungsprozesses tatsächlich von Revolution bzw. revolutionär gesprochen werden kann, der Weg dorthin aber ausgesprochen evolutionär war.)

III. Hintergründe des Verlaufs der politischen Systemtransformation in Ungarn

Für den spezifischen Verlauf des politischen Systemwechsels in Ungarn spielte – wie eingangs bereits erwähnt – der Kádárismus eine bedeutende Rolle, also diejenige Variante des Sozialismus, die von der kommunistischen Führung unter János Kádár vor dem Hintergrund der Lehren des Volksaufstands vom Herbst 1956 schrittweise entwickelt worden war. Das ungarische Modell des Staatssozialismus war einerseits – wie alle realsozialistischen Systeme – durch die prinzipielle Beibehaltung der tragenden Säulen der kommunistischen Herrschaft gekennzeichnet, also 1) durch die Existenz einer zentralistisch organisierten kommunistischen Kaderpartei mit ihrem absoluten Führungsanspruch, 2) durch die Verschmelzung von Staat und Partei zum Parteistaat bzw. zur Staatspartei, 3) durch das Vorhandensein eines umfangreichen Repressionsapparates und 4) durch eine planwirtschaftliche Wirtschaftslenkung auf der Grundlage des sogenannten gesellschaftlichen Eigentums.

Andererseits war der Kádárismus aber auch durch eine schrittweise, natürlich jederzeit wieder rückgängig machbare Entschärfung der Machtpraxis sowie durch die Gewährung eines wachsenden, für sozialistische Verhältnisse relativ hohen Lebensstandards geprägt. Die von Moskau misstrauisch beobachteten, letztlich aber zumeist geduldeten Wirtschaftsreformen Kádárs führten zum einen zur Entstehung einer liberalisierten Zentralverwaltungswirtschaft, in der auf detaillierte Plananweisungen verzichtet und versucht wurde, auch den Gesetzen des Marktes eine gewisse Geltung zu verschaffen. Die Staatsunternehmen und Genossenschaften verfügten über eine beträchtliche Selbstständigkeit und neben dem sozialistischen Sektor konnte sich eine sogenannte zweite Wirtschaft mit kleinen privaten oder halbprivaten Unternehmensformen entwickeln. Zum anderen ließ der Kádár'sche Reformsozialismus – unter dem bekannten Motto „wer nicht gegen uns ist, der ist für uns" – eine relativ entspannte innenpolitische

Atmosphäre entstehen: Den Bürgern wurde – im Zeichen einer fortgeschrittenen Destalinisierung – eine weitgehend unbehelligte und politikfreie Privatsphäre zugestanden, die Partei verzichtete auf eine permanente Politisierung der Gesellschaft und eröffnete den Ungarn „kleine Freiheiten", darunter die – natürlich kontrollierte – Möglichkeit zu Westreisen oder zu gewissen kulturellen Aktivitäten, die nicht dem „sozialistischen Geist" entsprachen. Das Ausmaß der Überwachung und Repression durch die Staatssicherheit wurde zurückgefahren und das staatliche Handeln im Zeichen der „sozialistischen Gesetzlichkeit" in einem gewissen Maße an formale Rechtsnormen gebunden.

Insgesamt wirkten sich acht Aspekte des Kádárismus – in ihrem Zusammenspiel – in besonderem Maße auf den Charakter des Systemwechsels in Ungarn aus:

1) Die innenpolitische Liberalisierung unter Kádár ermöglichte in Ungarn die Entstehung eines „latenten Pluralismus" in der Gesellschaft, der die Bildung und Tätigkeit kleiner Gruppen von sogenannten Andersdenkenden mit sich brachte. Aus deren Reihen gingen dann 1988/1989 die wichtigsten oppositionellen Organisationen hervor, insbesondere das Ungarische Demokratische Forum (MDF) und der Bund Freier Demokraten (SZDSZ). Diese Gruppierungen knüpften zumeist an politische Strömungen der Vorkriegszeit an und waren deshalb auch in der Wendezeit politisch-ideologisch äußerst heterogen.

2) Die innenpolitische Liberalisierung und ökonomische Reformpolitik Kádárs wirkten sich auch auf den inneren Charakter der Staatspartei aus. Die Ungarische Sozialistische Arbeiterpartei (MSZMP) war – ganz im Gegenteil z. B. zur Sozialistischen Einheitspartei Deutschlands (SED) – seit den 1960er Jahren durch die Existenz verschiedener parteiinterner Strömungen gekennzeichnet, die sich in ihrer jeweiligen Haltung zu den – zuerst ökonomischen, dann politischen Reformprozessen – unterschieden. Aus dem sogenannten Reformflügel gingen später die Protagonisten der Demokratisierung hervor, nämlich die sogenannten Reformpolitiker,

Reformintellektuellen und Reformzirkel an der Parteibasis – also die Transformer auf verschiedenen Ebenen der Partei- und Regierungspolitik.

3) Die Gewalterfahrung, das Trauma des Volksaufstandes von 1956, bei dem mehrere hundert Menschen ums Leben kamen, Tausende verletzt wurden und große Zerstörungen erfolgten, bewirkte sowohl bei den Machthabern als auch bei der Opposition eine Haltung, die durch die Bereitschaft zu Gewaltverzicht und zu Verhandlungslösungen gekennzeichnet war. Der Systemwechsel verlief dementsprechend auch – im Gegensatz zu Rumänien – vollkommen gewaltfrei und war in seiner Endphase auch von der beiderseitigen Bereitschaft zu Verhandlungen begleitet. Befürchtungen vor einer „Wiederholung von 1956" gab es vor allem beim Trauerakt für den hingerichteten Ministerpräsidenten des Volksaufstands Imre Nagy am 16. Juni 1989, sodass Regierung und Opposition bezeichnender Weise größte Sorge trugen, gegenseitige Provokationen bei dieser Massenveranstaltung zu vermeiden. (Dies gelang, auch wenn ein liberaler Jungpolitiker namens Viktor Orbán die Gelegenheit nutzte, um eine aufsehenerregende, scharf antisozialistische Rede zu halten.)

4) Die Tatsache, dass Ungarn in den 1980er Jahren in eine gleichsam existentielle Abhängigkeit von westlichen, insbesondere westdeutschen Geldgebern gelangte, wirkte sich ebenfalls dämpfend auf die Bereitschaft der Machthaber zu Gewaltlösungen aus. Bereits in der Endphase der Ära Kádár hatte es sich die ungarische Führung – im wahrsten Sinne des Wortes – immer weniger leisten können, zum Mittel der Gewalt gegen Andersdenkende zu greifen.

5) Die für eine kommunistische Einparteienherrschaft relativ gut entwickelte ungarische Rechtsordnung bildete die Grundlage dafür, dass während der Wende – sowohl mit Blick auf die Wirtschafts- als auch auf die Innenpolitik – an bereits vorhandenen Rechtsnormen angeknüpft werden konnte und der Systemwechsel letztlich im Rahmen eines geregelten Prozesses von Gesetzgebung und Gesetzesänderung bzw. einer Verfassungsrevision, also auf evolutionärem Wege, vollzogen werden konnte.

6) Die Kádár'sche Politik der eingeschränkten Politisierung der Bevölkerung, die Möglichkeit zum Rückzug ins Private sowie die Gewährleistung eines vergleichsweise hohen Lebensstandards führten während der Ära Kádár – außerhalb der politisch-ideologischen Ritualhandlungen – zu einer erfolgreichen politischen „Ruhigstellung" der Massen und damit zu einer äußerst geringen Protestbereitschaft in der Bevölkerungsmasse, sodass man hinsichtlich dieser Epoche von einer „politischen Biedermeier-Mentalität" in der Bevölkerung sprechen kann. Diese Haltung setzte sich – mit einigen punktuellen Ausnahmen – auch während der Monate des politischen Systemwechsels fort und bedeutete für die oppositionellen Organisationen, dass sie sich in der Bevölkerung keinen stabilen und dauerhaften politischen Rückhalt verschaffen konnten.

7) Aufgrund der Existenz einer „Quasi-Marktwirtschaft" mit einer Schicht von Privatunternehmern und einer relativ entwickelten Wirtschaftsgesetzgebung hatten radikale Wirtschaftsreformen und der Übergang zu einer Marktwirtschaft – ohne die es selbstverständlich keine demokratische Ordnung geben kann – unvergleichlich bessere Voraussetzungen als in den anderen Transformationsstaaten.

8) Die Tatsache, dass Ungarn seit den 1960er Jahren enge wirtschaftliche, dann politische und schließlich auch kulturelle Beziehungen zur Bundesrepublik Deutschland entwickelte, und die bundesdeutsche Führung aus wirtschaftlichen und politischen Gründen am Reform- und Transformationsprozess in Ungarn interessiert war, führte dazu, dass der Wandel und seine Protagonisten intensiv von der westdeutschen Politik und Wirtschaft unterstützt wurden. Diese Unterstützung wiederum begünstigte die evolutionäre Durchführung der „Systemtransformation von innen" und brachte Ungarn Anfang der 1990er Jahre unter den Staaten des östlichen Europas in eine herausragende Startposition. (Die Chancen, die mit dieser günstigen, durch die besondere Art und Weise des politischen Systemwechsels erreichten Ausgangsposition verbun-

den waren, wurden allerdings – ganz offensichtlich – in den vergangenen Jahrzehnten verspielt. Aber dies ist bereits ein anderes Thema.)

IV. Schlussbemerkungen

In den beiden Jahrzehnten nach der Wende propagierten Vertreter aus dem konservativ-bürgerlichen und dem liberalen politischen Lager Ungarns – zweifellos auch zur Hervorhebung ihrer persönlichen Rolle in der Transformationsphase – die von der Wissenschaft in Ungarn zumeist „untermauerte" These von der „verhandelten Revolution", während die politischen Kräfte auf der linken Seite das Thema nicht aufgriffen, weil ihnen dieses – insbesondere im Falle einer Interpretation als „Transformation von innen" – ungelegen kam, um das Stigma der „politischen Kontinuität" bzw. das „Brandmal der Nachfolge" abzuschütteln. Auch aus diesen Gründen hat sich die These von der „verhandelten Revolution" bis heute im öffentlichen Diskurs verfestigt.

Seit zehn Jahren zeichnet sich allerdings eine radikale politische Neudeutung der Geschehnisse der Jahre von 1987 bis 1990 in Ungarn ab. Die seit 2010 herrschenden politischen Kräfte um Viktor Orbán interpretieren den damaligen Umbruch nun zwar auch einerseits als einen „von innen" initiierten Wandel, der letztlich eine „Anpassungsleistung" der vormals sozialistischen Politiker (vor allem der Németh-Regierung) an eine sich grundlegend gewandelte internationale Situation bzw. den Versuch eines „Sich-Hinüberrettens" in die neue Zeit dargestellt habe. Andererseits sprechen sie den damaligen Veränderungsprozessen aber ihr revolutionäres Ergebnis bzw. ihren systemtransformierenden Charakter grundsätzlich ab. Für diese gegenwärtig dominante politische Richtung bedeutet der Übergang von der liberalisierten Einparteienherrschaft und Zentralverwaltungswirtschaft János Kádárs zu einer

parlamentarischen Demokratie und Marktwirtschaft – also der-
jenige Vorgang, der in der wissenschaftlichen Forschung als (politi-
sche bzw. wirtschaftliche) Systemtransformation bezeichnet wird –
keine wesentliche Veränderung, keine Revolution, keine Transfor-
mation bzw. keinen Systemwechsel. Sie betrachtet vielmehr den
jetzt erfolgenden Übergang zum „illiberalen Staat" auf nationaler
und autoritär-zentralistischer Grundlage als die eigentliche, für
Ungarn angemessene „Revolution". (Noch vor einigen Jahren hatte
man in diesen politischen Kreisen noch von einer „zweiten Revo-
lution", die nun der „ersten" nachfolge, gesprochen.) Aus der Per-
spektive eines westlichen Demokratieverständnisses handelt es sich
bei der gegenwärtigen Politik von Viktor Orbán allerdings zweifellos
um ein politisches Experiment, das man als „Gegen-Transformation"
bezeichnen könnte.

„Tárgyalásos forradalom" vagy „rendszerváltás belülről"?

Az 1987–1990 közötti magyarországi politikai átmenet sajátosságai és háttere

I. Bevezető megjegyzések

Az 1980-as évek utolsó harmadában az ún. keleti blokk államaiban radikális politikai változásokat hozó folyamatok indultak be, amelyek hátterében a szocialista rendszerek teljes, gazdasági, társadalmi és politikai-ideológiai válsága húzódott meg. A Mihail Gorbacsov vezette Szovjetunió már nem lépett fel a dinamikus változások ellen, amelyek, mint ismeretes, a szocialista rendszerek végét jelentették, és elvezettek a nyugat-európai mintájú demokratikus-piacgazdasági berendezkedés létrehozásához. A folyamatok azonban az egyes országokban jelentősen különböztek egymástól időbeli lefolyásukat, valamint jellemzőiket tekintve. (Az akkoriban kialakult politikai-gazdasági rendszerek stabilitásának – manapság különösen aktuális – kérdésére elemzésünkben nem térünk ki, a legutóbbi idők fejleményeinek ismerete azonban természetesen segíthetne választ találni erre is a téma iránt érdeklődőknek.)

A tudományos szakirodalomban az elmúlt évtizedekben különböző szakkifejezéseket használtak a kelet-közép- és délkelet-európai államok átalakulási folyamatainak jellemzésére. Használták – Románia kivételével – a „békés" vagy „bársonyos forradalmat", az „alkotmányos" vagy „önkorlátozó forradalmat", illetve a „szabályozott forradalmat" vagy a „refolution"-t, mely utóbbi a reform és a forradalom elemeinek keveredésére utal. A lengyelországi és magyarországi rendszerváltásra a politika- és a történettudomány a „kialkudott", vagy „tárgyalásos forradalom" meghatározásokat használta és használja ma is. Ez a narratíva az átalakulási folyamatban központi jelentőséget tulajdonít a hatalmon lévők és az ellenzék között, a Nemzeti Kerekasztal keretében zajló politikai egyeztető tárgyalásoknak.

A magyarországi politikai rendszerváltás történelmi feldolgozását illetően mára paradox helyzet állt elő. Bár nagyszámú meghatározó jelentőségű forrás hozzáférhető nyomtatott formában és az interneten (nemcsak magyar nyelven), és az átalakulás éveinek magyarországi levéltárakban őrzött központi forrásanyaga továbbra is kutatható, a tudományban és a nyilvánosságban a rendszerváltásról élő képet még mindig jórészt az akkori szereplők szubjektív tapasztalatai határozzák meg. E szereplők közül – különösen az akkori antiszocialista ellenzék oldalán – sokan bölcsészek, vagy társadalomtudósok voltak, illetve azok ma is. Egy valódi, az ellentétes nézeteket ütköztető, konstruktív, a magyar határokon átnyúló tudományos vita nem alakult ki eddig a magyar politikai rendszerváltásról, és belátható időn belül vélhetően nem is fog kialakulni. A téma objektív, tudományos megvitatásának útjában mindenekelőtt a magyar politika szereplőinek azon törekvése állt és áll ma is, hogy az akkori eseményeket eszközként használják fel politikai-ideológiai céljaik érdekében, és a tudományt is ennek értelmében „instrumentalizálják".

Jelen historiográfiai munka első részében – a magyar történések esetében inkább félrevezető, semmit magyarázó – politikatudományi transzformációs elméleteket mellőzve azt kívánom bemutatni, hogy melyek voltak a magyar politikai rendszerváltás meghatározó eseményei és folyamatai; mi volt az egyes résztvevő politikai csoportok szerepe. Ezt követően igyekszem megválaszolni azt a kérdést, hogy valóban találó-e a „tárgyalásos forradalom" terminus használata, s egyáltalán beszélhetünk-e bármiféle „letárgyaltságról". A második rész a magyarországi politikai rendszerváltás specifikus voltának hátterét vizsgálja. Ehhez röviden át kell tekintenünk az ország 1956 őszén kirobbant népfelkelése után kialakult politikai rendszerét, és össze kell foglalnunk az ún. „kádárizmus" lényegét.

II. A magyarországi politikai rendszerváltás története és sajátosságai

Az 1980-as évek közepére a magyar reformszocializmus – hasonlóan a többi kommunista rendszerhez Európa keleti felében – átfogó és mély válságba került, amely különösen a gazdaságot illetően öltött drámai méreteket. Nyilvánvalóvá váltak a szocialista gazdaság működésének hiányosságai, beleértve a magyar liberalizált központi gazdaságirányítást is; mindenekelőtt a termelékenység visszaesése, a nemzetközi versenyképesség csökkenése, valamint az egyre növekvő technológiai lemaradás, ill. az innováció hiánya következtében. Ezzel párhuzamosan felerősödtek a társadalomban az olyan deviáns jelenségek, mint az öngyilkosság és az alkoholizmus, és az ideológiában tükröződő elvárások egyre távolabb kerültek a valóságtól. Az ország gazdasági nehézségeit tovább növelte, hogy a magyar vezetés az 1970-es évektől kezdve egyre nagyobb mértékben rá volt utalva a nyugati hitelekre, hogy a folyamatosan növekvő életszínvonal politikáját, az ún. gulyáskommunizmust finanszírozni tudja. Ennek az lett a következménye, hogy Magyarország adósságcsapdába került, és végül már alig volt képes arra, hogy pénzügyi kötelezettségeinek eleget tegyen.

A Magyar Szocialista Munkáspárt (MSZMP) Kádár János körül csoportosuló elöregedett vezetése, az ún. Kádár-kör, három évtizedes egyeduralmát követően egyre tanácstalanabbul szembesült az 1986 ősze utáni fejleményekkel, és végül is ezért volt kész arra, hogy megnyissa a vezető pozíciókat az új, fiatalabb erők előtt. Az 1987 közepén kezdődő generációváltás eredményeként Grósz Károlyt, a Politikai Bizottság tagját kinevezték miniszterelnöknek. A Kádár-kör ugyanis leginkább benne bízott, hogy megoldja a válságot úgy, hogy közben a párt vezető szerepét is megőrzi. A gazdaságpolitika irányítása a piacgazdaság működésében jártas fiatal közgazdász, Németh Miklós kezébe került. Mindkét politikus olyan irányvonalat képviselt – élve a Gorbacsov biztosította lehetőségekkel –, amely nemcsak radikális takarékossági és racionalizálási intézkedéseket irányzott elő a válság legyűrése érdekében, hanem a

„szabályozott piacgazdaságra" való áttérést is tervbe vette. Bár ebben továbbra is a szocialista szektor játszotta a meghatározó szerepet (állami vállalatok, szövetkezetek), de más tulajdonformákat is fejleszteni kívántak, főleg a (korlátozott) magán szektorban. Emellett azt is célul tűzték ki, hogy a gazdasági életet a jövőben ne elsősorban a tervek, hanem lényegében a piac szabályozza. (Ez jóval túlmutatott az 1966/1968-as gazdasági reform törekvésein.)

A későbbi politikai fejlemények szempontjából meghatározó jelentőséggel bírt az a tény, hogy az új gazdaságpolitikai kurzus együtt járt a belpolitikai életet érintő liberalizálási intézkedések meghozatalával, azaz a lakosság egypártrendszeren belüli szabadságjogainak alapvető kiterjesztésével, beleértve ebbe a magyar állampolgároknak – a keleti táborban egyedüliként – megadott világútlevelet is. Emögött az a felfogás húzódott meg, hogy a gazdasági válság legyőzése és a piaci mechanizmusra való áttérés csak a politikai-gazdasági jogokkal felruházott, a kádári paternalizmus által addig politikailag gyámság alatt tartott és passzív lakosság közreműködésével, valamint a társadalmi érdekek nyílt megfogalmazásával vezethet sikerre. Természetesen a vezetés arra is törekedett a politikai reformokkal, hogy a lakosságot – legalább átmenetileg – kárpótolja az életszínvonal süllyedése miatt, ami együtt járt a gazdasági konszolidációs és átalakítási intézkedésekkel. A magyar esetben egyértelműen látszik, hogy a politikai változások nem a lakosság széles rétegeinek, vagy az ellenzéki köröknek – még csak nem is a „nép szabadságharcának" – a nyomására indultak el, hanem elsősorban annak a radikális gazdasági törekvésnek a következményei voltak, amelyet a hatalom birtokosainak sorában lévő aktív és éleslátó fiatalabb erők a katasztrofális gazdasági helyzet miatt kényszerítettek ki a Kádár-kör tartós ellenállását legyűrve.

Miután 1987 közepétől a párt feladta a kádárizmus négy jellemző sajátosságát – a liberalizált központi gazdaságirányításban megvalósuló tervgazdálkodás, a folyamatosan emelkedő életszínvonal, a teljes foglalkoztatottság és a lakosság politikai passzivitásban tartásának elvét – a Kádár-korszak 1988 tavaszán – Kádár János pártfőtitkári székből történő elmozdításával – hivatalosan is véget ért. Azok az erők, amelyek az új pártfőtitkár és egyben kormányfő, Grósz Károly, Németh Miklós gazdaságpolitikus, Pozsgay Imre, a Hazafias Népfront főtitkára és „az 1968-as gazdasági reformok atyja", Nyers Rezső körül gyülekeztek, arra törekedtek, hogy a szabályozott piacgazdaság – a Kádár-kör által valójában soha nem akceptált – elvét átültessék a gyakorlatba. Egyidejűleg az ún. „szocialista pluralizmus" jegyében egy sor olyan politikai reformot vittek keresztül, amelyek célja a gyülekezési és egyesülési jog megadása (az egypártrendszer keretei között), a munkavállalók jogainak kiterjesztése, valamint a párton belüli demokrácia tényleges megteremtése volt.

Az új politikai irányvonal azonban – hasonlóan az 1968-as Prágai Tavaszhoz – olyan dinamikus pluralizálódási folyamatokat indított el a magyar társadalmon belül, amelyek mértékére az új párt- és államvezetés nem volt felkészülve, és amelyek gyorsan szétrobbantották a „szocialista pluralizmus" kereteit. 1988 tavaszától kezdve egy sor új kiadó alakult; alternatív szakszervezetek, párttól független társadalmi egyesületek jöttek létre. A már létező ellenzéki csoportosulások, különösen a liberális-urbánus „demokratikus ellenzék" és a nemzeti-tradicionalista „népi ellenzék", fokozták aktivitásukat. Számos olyan, már nyíltan polgári-demokratikus célkitűzést megfogalmazó politikai szervezet, ill. párt újjáalakítására is sor került, melyeket annak idején, az 1940-es évek második felében feloszlattak. Ezek a folyamatok azonban általában a fővárosi, megosztott és egymással komoly vitában álló kis értelmiségi körökre korlátozódtak, s nem jártak együtt tartós, tömeges mozgósítással, így nem is gyakorolhattak közvetlen, hatásos és célirányos nyomást a hatalom birtokosaira. A diffúz belpolitikai történések azonban a hatalmon lévő erőket legkésőbb 1988 őszén válaszút elé állították: vagy erőszakkal elfojtják a mozgásba lendült folyamatokat – mint az történt 1956-ban Magyarországon és 1968-ban Csehszlovákiában –, vagy pedig elfogadják a változásokat és megpróbálnak ezek élére állni, hogy a politikai mozgások irányát ők szabhassák meg, és a maguk érdekének megfelelően befolyásolhassák azokat.

Az MSZMP-n belül intenzív politikai viták zajlottak, melyek eredményeként 1988 végén, 1989 elején megszületett a döntő fordulat. A Grósz Károly pártfőtitkár körül tömörülő erőkkel szemben, akik nem kívánták támogatni az ilyen radikális politikai változásokat, több vezető párt és állami funkcionárius, mindenekelőtt Pozsgay Imre, a Politikai Bizottság tagja, valamint az időközben kormányfővé előrelépő Németh Miklós nyíltan kiállt a politikai rendszer átalakítása, a demokratikus-plurális rendszerbe való átmenet szükségszerűsége mellett – a „szocialista jelző" elhagyásával. Ezek a tulajdonképpen már nem is „radikális reformerekként" hanem sokkal inkább „rendszerváltókként" meghatározható erők a gazdaságban is a radikális piacgazdasági tulajdonreform mellett tették le a voksukat, ami elképzeléseik szerint együtt járt a társadalmi tulajdonformák addig kőbevésett dominanciájának felszámolásával. A párt az ellentétek következtében két szárnyra szakadt. A „konzervatív szárny" ragaszkodott a szocialista pluralizmus és a szocialista piacgazdaság, ill. a – nem igazán kiforrt – új szocializmus koncepciójához. Az ún. „reformszárny" a politikai és gazdasági rendszer teljes átalakítására törekedett, időközben messze túllépve Gorbacsov reformjainak célkitűzésein.

A további események szempontjából két tényező volt meghatározó jelentőségű: az ellenzéki mozgalmak jövőbeni politikai szerepe, valamint az MSZMP-n és a kormányon belüli erőviszonyok alakulása. Amíg az ellenzéknek 1989. március közepéig nem sikerült belső széttagoltságát és politikai-szervezeti gyengeségét felszámolnia, számottevő társadalmi bázisra szert tennie, és egyesült erővel a hatalmon levőkkel szemben fellépnie, a Németh és Pozsgay körül szerveződő párt- és kormányerők maguk mögött tudva a párttagság – „reformkörökben" szervezkedő – nagy részét, valamint az un. reformértelmiséget, visszaszorították a Grósz körüli konzervatív erőket, és 1989. március közepéig egy sor meghatározó lépést tettek a politikai rendszer demokratizálásának irányába.

Ennek megfelelően először 1989 januárjában nyugati mércével is elfogadható – immár a megszorító „szocialista" jelzőt végleg elhagyó – egyesületi, gyülekezési és sztrájktörvényeket hoztak, amelyekkel megteremtették a magyarországi modern civil társadalom kialakulásának előfeltételeit.

Ezután sikerült keresztül vinniük, hogy 1989 februárjában a Politikai Bizottság és a Központi Bizottság – a kezdeti erős ellenállás leküzdése után – elvi beleegyezését adja a versengésen alapuló többpártrendszer engedélyezéséhez. Ha lépésről-lépésre kívánták is ezt megvalósítani, a döntés mégiscsak azt jelentette, hogy a párt ezzel lemondott az addig megkérdőjelezhetetlen „vezető szerepéről", és immár szembe kellett néznie a hatalom elvesztésének lehetőségével is.

Harmadik lépésként 1989 februárjában Pozsgay Imre sürgetésére hivatalosan is radikálisan újraértelmezték az 1956 őszi eseményeket: az „ellenforradalom" szó helyére ettől kezdve a „népfelkelés" lépett. Ennek azért volt nagy szimbolikus jelentősége, mert ezzel hivatalosan is lemondtak a Kádár-rezsim és az MSZMP egyeduralmát több mint 30 éven át legitimáló politikai axiómáról. (Kádár ugyanis hatalomátvételének legitimitását az 1956-os népfelkelés leverésének jogszerűségével indokolta, amit ennek megfelelően „ellenforradalomnak" nevezett.)

Végül pedig 1989 februárjában-márciusában keresztülvitték a párton belül és a parlamentben az alkotmány teljes revíziójának koncepcióját, amely szakított a kommunista alkotmányos elvekkel, és a jogállamiság, a parlamenti demokrácia és a piacgazdaság meghonosításával számolt.

Eközben Németh Miklós miniszterelnök külpolitikailag is biztosította a demokratizálás politikáját a Szovjetunió felé, amely ez idő tájt főleg magával, saját hatalmas problémáival volt elfoglalva. A miniszterelnök ezzel párhuzamosan megszerezte a bonni magyar nagykövet, Horváth István hathatós közreműködésével a nyugatnémet politikai, valamint gazdasági és pénzügyi körök támogatását a magyar politikai és gazdasági rendszerváltás számára. Mindezt megkönnyítette, hogy az NSZK a magyarországi fejleményeket már két évtizede kiemelt figyelemmel kísérte, és a „keleti tábor" más államaival szemben meglepően intenzív gazdasági és politikai kapcsolatokat épített ki a kis dunai állammal.

A politikai rendszerváltáshoz vezető legfontosabb lépések ezzel állami és pártszinten 1989 március közepéig – párhuzamosan a gazdasági rendszerváltás beindításával – megtörténtek. Mindez anélkül, hogy a továbbra is passzív magyar társadalom és a továbbra is megosztott ellenzék számottevő közvetlen nyomást gyakorolt volna a hatalom birtokosaira. Összességében ez azt is jelenti, hogy Magyarország, szemben a Lengyel Népköztársaságban zajló folyamatokkal, más utat járt be. Magyarországon 1989 tavaszáig nem alakult ki egy olyan hatalmas és egységes ellenzéki szakszervezeti mozgalom, mint a lengyel „Szolidaritás", és olyan vallási-nemzeti erő sem létezett, mint a lengyel katolikus egyház, amelyek – egyfajta társadalmi gyülekezőhelyként és katalizátorként – erős politikai nyomás alá helyezhették volna a hatalmon lévőket, és valódi patthelyzetet teremthettek volna a politikai életben.

Ezen a ponton érdemes megvizsgálni, hogy mi indította a hatalom birtokosait Magyarországon arra, hogy szakítsanak a „szocialista pluralizmus" koncepciójával, és belekezdjenek a politikai rendszerváltás kísérletébe (ezt taktikai okokból ekkor még „modellváltásnak nevezték). Három szempontot kell kiemelnünk.

Először is evidenciaként kezelték – még a régi kádárista és a volt kormányfő, Grósz Károly körül csoportosuló konzervatív erők is –, hogy az erőszak alkalmazása a pluralizálás folyamatának leállítására, vagy akár csak korlátozására 1988/1989-ben már nem volt reális alternatíva. 1956-tal ellentétben ugyanis Moszkva nem jelentett már számukra biztos hátvédet, ezért tarthattak attól, hogy ellenhatásként teljesen kiszámíthatatlan folyamatok indulnának be: a tiltakozási hullámoktól és tömegdemonstrációktól kezdve az általános sztrájkon keresztül egészen a véres polgárháborúig. Emellett biztosak lehettek abban, hogy ha a pártállam erőszakot alkalmaz, az kiváltja a nyugati (különösen a nyugatnémet) pénzügyi és gazdasági bojkottot, ami a magyar gazdaság összeomlásához vezetne.

A második szempont az volt, hogy a Németh és Pozsgay körüli politikusok belátták azt, hogy a szocializmus már nem volt megreformálható, illetve, hogy a valamikor még benne rejlő reformpotenciál Kádár alatt teljesen kimerült. Elfogadták, hogy a magyar gazdaság és társadalom modern fejlődése a 20. század végére alapvetően megváltozott nemzetközi feltételek mellett (gazdasági és kulturális globalizáció, az információs társadalom dinamikus fejlődése stb.) csak a piacgazdasági-pluralista rendszerre való konzekvens átmenettel biztosítható.

Végezetül rendkívül fontos aspektusnak tekinthető az is, hogy a párton és kormányon belüli rendszerváltók – 1989 őszéig nem minden alap nélkül – abban reménykedtek, hogy egy átfogó rendszerváltás aktív levezénylésével átmenthetik magukat az új időszakra is. Hankiss Elemér szociológus ezt már 1989-ben a következőképpen fogalmazta meg: *„Van-e egyáltalában lehetősége s valószínűsége annak, hogy a magyar uralkodó elit vállalja azt a kockázatot, amelyet egy új gazdasági és társadalmi rendszerre való átállás jelentene a számára? Egyetlen esetben képzelhető ez el. Akkor vállalkozhatna, vállalkozhat erre a kísérletre, ha [...] viszonylag jó esélyei vannak arra, hogy a jelenlegi [...] hatalmát és privilégiumait konvertálja, átalakítsa az új rendszerben érvényesíthető hatalomra és privilégiumokra."* (Hankiss, 1989, 15. o.). Az 1989 végétől lezajló fejlemények (pl. az 1989. novemberi népszavazás) mindazonáltal megmutatták, hogy ez a kalkuláció sok, ha nem is minden párton és kormányon belüli rendszerváltót illetően hibás volt.

Csak a fentebb bemutatott párt- és kormánydöntéseket követően sikerült a sok kis és heterogén ellenzéki mozgalomnak 1989. március közepén megszerveznie magát a hatalom birtokosaival szemben fellépő erőként, az ún. Ellenzéki Kerekasztalként. Csak ekkor kezdtek bizonyos társadalmi támogatottságot szerezni és ettől fogva tudtak célirányos politikai nyomást gyakorolni a hatalomra. 1989. március 15-én, az 1848-as forradalom évfordulóján, a fő ellenzéki áramlatok, a nemzeti-tradicionalista Magyar Demokrata Fórum (MDF), az urbánus-liberális Szabad Demokraták Szövetsége (SZDSZ) és egy sor kisebb szervezet, először ünnepeltek közösen, és így sikerült megtörniük a hatalom birtokosainak nyilvános térhasználati monopóliumát az ünnepségeken.

A következő három hónapban az egyesült ellenzék megszilárdította pozícióját a hatalmon lévőkkel szemben; a Németh és

Pozsgay körüli politikusoknak pedig sikerült az állami és pártszervekben még jelen lévő „fékező erőket" kiszorítaniuk a hatalomból, és folytatniuk az átalakítási folyamatot. Kiemelten fontos jelentőséggel bírtak a történtek szempontjából azok a változások, amelyek ebben az időszakban az MSZMP-n belül zajlottak. 1989 májusában úgy határozott a Központi Bizottság, hogy megszünteti a párt kompetenciáját a káder-kérdésekben, így lemondott arról a korábbi előjogáról, hogy az állami és társadalmi intézmények vezető pozícióit a nómenklatúra alapján maga töltse be. Ez alapvetően megváltoztatta az állam és a párt viszonyát, és a párt elvesztette – legalábbis de jure – állampárti, Magyarország pedig pártállami jellegét. Ennek egyik fontos következménye az lett, hogy a miniszterelnök, ill. a kormány egyre inkább függetlenné vált a párttól, és Németh Miklós még 1989 májusában teljesen átalakíthatta kormányát, feltöltve azt a rendszerváltás elkötelezett híveivel, Horn Gyulával, Glatz Ferenccel, Békesi Lászlóval és másokkal. 1989 júniusában a párt tipikus „bolsevista" szervezeti formája is megszűnt: a pártvezetést a főtitkár helyett egy négyfős kollektív grémiumra ruházták át, a Politikai Bizottság helyett pedig egy Politikai Intéző Bizottságot hoztak létre. Ezzel a Grósz Károly körüli konzervatív szárny végleg elvesztette minden komoly politikai befolyását.

A politikai folyamatok 1989. június közepén a Nemzeti Kerekasztal tárgyalásokba torkollottak. Ezeken az egyeztető megbeszéléseken tudott először az egyesült ellenzék – a párttal, és a pártközeli tömegszervezetekkel – egyenrangú tárgyalópartnerként tényleges befolyást gyakorolni a politikai átalakulásra, közreműködni a demokráciába való átmenet modalitásainak kidolgozásában, a jövőbeni alkotmányos rendszer konkrét kialakításában, valamint a választójoggal kapcsolatos megállapodásban.

A kerekasztaltárgyalások jelentősége azért volt korlátozottabb, mint Lengyelországban, mert ezek már csak a politikai rendszerváltás késői fázisában zajlottak, a politikai és gazdasági átalakulással kapcsolatos alapvető döntések meghozatala után. Ennek megfelelően a kerekasztaltárgyalásokon nem tárgyaltak gazdasági, szociális, külpolitikai, kulturális és oktatáspolitikai kérdésekről. Ez azt jelentette, hogy a Németh-kormány, amely közben – a demokratizálódási folyamattal összhangban – megfosztotta a pártvezetést politikai döntéshozó szerepétől, a rendszerváltást lényegében továbbra is saját irányítása alatt folytathatta. Ez különösen látványosan érvényesült a magyar külpolitikában, amelyet 1989 májusától Horn Gyula irányított. Miután 1989. február végén a még Grósz Károly irányította pártvezetés úgy határozott, hogy lebontja a vasfüggönyt az osztrák határon, a Németh kormány úgy döntött, hogy azoknak a kelet-német állampolgároknak, akik Magyarországon tartózkodtak, és nem kívántak visszatérni az NDK-ba, 1989. szeptember 11-én engedélyt ad arra, hogy az országot nyugati irányban elhagyhassák. Ezzel párhuzamosan a kormány a gazdaságpolitikában – az ellenzék bevonása nélkül – több olyan lépést is tett, amelyek a gazdasági átalakulás szempontjából alapvető jelentőségűek voltak. A gazdasági társaságokról hozott törvény 1989. januári hatályba lépését többek között az Állami Vagyonügynökség (a privatizáció központi szerve) felállításáról szóló törvény, valamint számos egyéb befektetési, társasági és adójogi rendelkezés követte, amelyek a piacgazdaság megteremtését célozták. A kultúr- és oktatáspolitika nyugati minták alapján történő, pluralitásra koncentráló átalakítását egy sor törvény és rendelet meghozásával a történész végzettségű Glatz Ferenc miniszter vezette, s emellett a magyarországi egyházakat is megszabadította „szocialista béklyóiktól".

Ezalatt 1989. szeptember közepén befejeződtek a kerekasztaltárgyalások az ellenzék és a hatalmon lévők között. Ezek eredményeként egy sor törvényjavaslat született, többek között a választójogról, a pártokról és az alkotmány revíziójáról. Utóbbi tervezet képezte az alapját a Magyar Köztársaság alkotmányának, amely 1989. október 23-án lépett életbe. Bár ebben – amint azt a fent említett alkotmány-koncepció is tervezte – valójában a Magyar Népköztársaság 1949-ben elfogadott alkotmányának revíziójáról volt csupán szó, a módosított alaptörvény teljesen szakított a szocialista társadalmi rendszer elveivel, és hitet tett a demokratikus alkotmányos rend alapelvei mellett, azaz a jogállamiság és a hatalmi ágak szétválasztása, a népszuverenitás és a parlamenti demokrácia, a pluralizmus és a többpártrendszer, valamint a piacgazdaság mellett. (Megérne egy önálló elemzést annak az elmúlt évtizedben felvetett kérdésnek a vizsgálata, hogy az „1989-es alkotmány" megfelelő volt-e a magyar társadalom számára, vagy esetleg az egy olyan alaptörvény volt, amelyet a nyugati orientációjú értelmiségiek rákényszerítettek?)

Néhány héttel az egyeztető tárgyalások lezárulása után olyan esemény történt, ami egyedülálló az állampárt-történetekben, és sajátos fénybe állítja a magyar rendszerváltás folyamatát. Az 1989. októberi pártkongresszuson feloszlatta magát az 1956-ban Kádár János és más kommunisták által alapított MSZMP, és a küldöttek megalakították a Magyar Szocialista Pártot (MSZP), amely mind a politikai ideológia, mind a szervezetiség szempontjából radikálisan különbözött elődjétől. Az új párt hangsúlyozottan a bázisdemokrácia elve alapján szerveződött, és a szocializmus reformista koncepcióját vallotta. Ezzel nemcsak véglegesen szakított a Kádár-korszak történelmével, hanem létrehozott egy új, baloldali, demokrácia-kompatibilis pártot is.

Az alkotmány változásainak hatályba lépésével és a Magyar Köztársaság kikiáltásával 1989. október 23-án – legalábbis államjogi értelemben – lezárult a politikai rendszerváltás. 1990 tavaszán szabad parlamenti választásokat tartottak, ami politikai elitcseréhez vezetett, és egy nemzeti-konzervatív kormányt juttatott hatalomra Antall József, az MDF elnökének vezetésével. Az új kormány belekezdett a demokratikus konszolidációba, amelynek eredményeként a kommunista korszak utolsó maradványait is – legalább államjogilag nézve – felszámolták, és a helyi önkormányzatok rendszerét hozzáigazították az új adottságokhoz.

Amennyiben összefoglalóan visszatekintünk az 1987 és 1989 közti magyarországi politikai eseményekre, a következőket állapíthatjuk meg:

1) A Szovjetunióban zajló politikai folyamatok és Magyarország katasztrofális gazdasági és pénzügyi helyzete arra ösztönözték a magyar vezetést, hogy ne csak a gazdasági élet piacgazdasági szervezésére térjen át, hanem arra is, hogy radikális politikai reformokat vezessen be, amelyek végül – eredetileg nem szándékoltan – önálló dinamikát kaptak.

2) Miután a párt „reformszárnya" (a rendszerváltók) eldöntötte, hogy a politikai változtatások élére áll, 1989. március közepéig meghozta az elvi döntéseket a politikai rendszer átalakításáról, mégpedig anélkül, hogy közvetlen és jelentős nyomás érte volna a társadalom vagy az ellenzék részéről.

3) Az ellenzéki mozgalmaknak csak 1989 júniusában sikerült 3 hónapra bekapcsolódniuk a rendszerváltás folyamatába, a választójog, a párttörvény és az alkotmányos rendszer konkrét kidolgozásába, az átmenet modalitásainak kidolgozásába. A Nemzeti Kerekasztal tárgyalásaira azonban nem annyira a rendszer és az ellenzék közötti tartós patthelyzet eredményeként került sor – mint Lengyelországban –, hanem sokkal inkább a Németh és Pozsgay körüli politikusok által irányított átalakulási folyamat belső logiája miatt. Másként kifejezve: a tárgyalások megkezdésével a párton belüli rendszerváltók azt akarták demonstrálni, hogy a demokratizálás folyamatát komolyan gondolják. (Az egyenrangú felek közti kerekasztaltárgyalások megtagadása diszkreditálta volna Németh és Pozsgay demokratizálási politikáját, csakúgy, mint ahogy a magyar kormány nyugati nyitás-politikáját megkérdőjelezte volna, ha szeptemberben nem nyitották volna meg a határt az NDK polgárai előtt.)

4) Az 1989 októberében lényegét tekintve lezárult politikai átalakulási folyamat esetében véleményem szerint nem „kialkudott" vagy „tárgyalásos forradalomról" beszélhetünk, hanem inkább egy belső rendszerváltásról („rendszerváltás belülről"), amelyet az uralkodó párt, ill. kormány rendszerváltói indítottak el, s nagyrészt ők is vezényeltek le. (Magyarország esetén a „forradalom" fogalom használata azért is különösen problematikus, mert bár a változás

eredményeit leírva valóban használható a forradalom vagy forradalmi szó, az oda vezető út azonban kifejezetten evolucionista jellegű volt.)

III. A magyarországi politikai rendszerváltás háttere

A magyarországi politikai rendszerváltás specifikus voltában – mint fentebb említettük – jelentős szerepet játszott a kádárizmus, a szocializmusnak az a változata, amelyet a Kádár János alatti kommunista vezetés az 1956 őszi népfelkelést követően lépésről-lépésre kiépített. Az államszocializmus magyar modelljét – mint a többi működő szocialista rendszert is – a kommunista hatalom tartópilléreihez való elvi ragaszkodás jellemezte: ezek 1) a központilag szervezett, kommunista káderekből álló párt, a vezetésre való abszolút igénnyel, 2) az állam és a párt összeolvadása pártállammá, ill. állampárttá, 3) egy kiterjesztett elnyomó apparátus működtetése és 4) az ún. társadalmi tulajdonon alapuló, tervgazdálkodás szerint működő gazdaságirányítás voltak.

A kádárizmust ugyanakkor azonban a hatalmi praxis lépésről-lépésre zajló, természetesen bármikor visszavonható lazítása, valamint egy növekvő, a szocialista viszonyokhoz képest meglehetősen magas életszínvonal is jellemezte. Kádár Moszkva által bizalmatlanul figyelt, végeredményben azonban megtűrt gazdasági reformjai egy olyan liberalizált központi gazdaságirányítást eredményeztek, amelyben lemondtak a részletekbe menő tervutasításról, és megkísérelték bizonyos mértékben a piac törvényeit is érvényesíteni. Az állami vállalatok és a szövetkezetek jelentős önállósággal rendelkeztek, és a szocialista szektor mellett kialakult egy ún. második gazdaság is, kis magán, vagy félig magán vállalkozási formákkal. Emellett a kádári reformszocializmus az „aki nincs ellenünk, az velünk van" mottó jegyében egy viszonylag laza belpolitikai atmoszférát teremtett meg: a polgároknak – a desztálinizáció jegyében – jelentős mértékben háborítatlan és politikától mentes magánszférát biztosítottak, a párt lemondott a társadalom folyamatos átpolitizálásáról, és olyan „kis szabadságokat" nyújtott a magyaroknak, mint például a nyugatra való utazás – természetesen ellenőrzött – lehetőségét, vagy olyan kulturális aktivitásokat, amelyek nem feleltek meg a „szocialista szellemiségnek". Az állambiztonsági megfigyelés és represszió mértéke csökkent és a „szocialista törvényesség" jegyében meghozott állami intézkedések bizonyos fokig már formális jogi normákra támaszkodtak.

Mindent számba véve összesen nyolc olyan ismertetőjegye volt a kádárizmusnak, amely jelentősen kihatott a magyarországi rendszerváltás jellegére:

1) A Kádár alatti belpolitikai liberalizálás ahhoz vezetett Magyarországon, hogy a társadalomban kialakuljon egy „látens pluralizmus", amely lehetővé tette egy sor, másként gondolkozókból álló kis csoport kialakulását és működését. Ezek közül kerültek ki 1988/1989-ben a legfontosabb ellenzéki szervezetek, különösen az MDF és az SZDSZ. Ezek a csoportosulások többségükben háború előtti politikai áramlatokra nyúltak vissza, ezért a rendszerváltás idején is politikailag-ideológiailag meglehetősen heterogén képet mutattak.

2) A Kádár-féle belpolitikai liberalizálás és gazdasági reformpolitika kihatott az állampárt belső karakterére is. Az MSZMP-n belül – ellentétben például a Német Szocialista Egységpárttal (SED) – az 1960-as évektől kezdve különböző áramlatok léteztek, amelyek egymástól abban különböztek, hogy miként viszonyultak először a gazdasági, majd pedig a politikai reformfolyamatokhoz. Az ún. reformszárnyból jöttek később a demokratizálás protagonistái, az ún. reformpolitikusok, reformértelmiségiek és a párt bázisán alapuló reformkörök – azaz a párton és államon belüli rendszerváltók a politika különböző szintjein.

3) Az erőszak élménye, az 1956-os népfelkelés traumája, amikor több száz ember életét vesztette, több ezren megsérültek, és

hatalmas volt a rombolás, mind a hatalom birtokosaiban, mind pedig az ellenzékben olyan hozzáállást alakított ki, amely kész volt lemondani az erőszakról és a tárgyalásos megoldásokat keresni. A rendszerváltás ennek megfelelően – szemben Romániával – erőszak nélkül zajlott, és a végső fázisában mindkét fél hajlandó volt a tárgyalások folytatására. A félelem, hogy „1956 megismétlődik", mindenekelőtt a meggyilkolt miniszterelnök, Nagy Imre 1989. június 16-ai újratemetése kapcsán vált érezhetővé, amikor is – jellemző módon – mind a kormány, mind pedig az ellenzék nagy gondot fordított arra, hogy elkerüljék a kölcsönös provokációkat a tömegrendezvényen. (Ez sikerült, még ha egy liberális fiatal politikus, Orbán Viktor egy nagy feltűnést keltő, erősen antiszocialista beszédet is tartott.)

4) A tény, hogy Magyarország az 1980-as évekre úgyszólván egzisztenciális függőségbe került a nyugati, különösen is a nyugatnémet kölcsönöktől, jelentős fékezőerőként hatott a hatalom birtokosainak erőszak alkalmazására való készségét illetően. A Kádárkorszak végén a magyar vezetés már egyre kevésbé engedhette meg magának, hogy erőszakot alkalmazzon a másképp gondolkozókkal szemben.

5) A kommunista egypártrendszerhez képest viszonylag fejlett magyar jogrend volt az alapja annak, hogy a rendszerváltás során mind a gazdaságpolitika, mind pedig a belpolitika terén vissza lehetett nyúlni már meglévő jogi normákra, és ennek eredményeként a rendszerváltás egy a törvényhozás, törvénymódosítás és alkotmányrevízió által szabályozott folyamat keretei között, evolucionista módon zajlott le.

6) A lakossági politizálás korlátozásának kádári stratégiája, a magánéletbe való visszavonulás lehetővé tétele, valamint a viszonylag magas életszínvonal biztosítása oda vezettek, hogy – a politikai-ideológiai rituális cselekvésen kívül – a tömegeket sikerült politikailag nyugalmi állapotban tartani, és elérni, hogy a néptömegekben rendkívül alacsony legyen a tiltakozásra való hajlandóság. Így egyfajta „politikai biedermeier-mentalitásról" beszélhetünk

a korszak kapcsán. Ez a hozzáállás – egy-két elszórt kivételtől eltekintve – a politikai rendszerváltás hónapjaira is jellemző volt, és ez azzal járt, hogy az ellenzéki szervezetek a lakosság körében nem tudtak kialakítani stabil és tartós politikai bázist.

7) A „kvázi-piacgazdaság", a magánvállalkozók rétegének megléte, valamint a viszonylag fejlett gazdasági törvényhozás összehasonlíthatatlanul jobb előfeltételeket teremtett a radikális gazdasági reformokhoz és a piacgazdaságba való átmenethez – amely nélkül természetesen nincs demokratikus rendszer sem –, mint a többi rendszerváltó államban.

8) Az a tény, hogy Magyarország az 1960-as évek óta szoros gazdasági, majd politikai, később pedig kulturális kapcsolatokat alakított ki az NSZK-val, és a nyugatnémet vezetés gazdasági és politikai okokból érdekelt volt a magyarországi reform és átalakítási folyamat sikerében, oda vezetett, hogy a nyugatnémet politikai és gazdasági körök intenzíven támogatták a változásokat és azok protagonistáit. Ez a támogatás előnyben részesítette a „rendszerváltás belülről" evolucionista végrehajtását és egyúttal Magyarországot az 1990-es évek elején kiemelkedő start-pozícióba hozta Európa keleti felének államai között. (Azokat az esélyeket, amelyek együtt jártak ezzel a kedvező, a politikai rendszerváltás módjával elért indulási pozícióval, az ország – nyilvánvalóval – elszalasztotta. Ez azonban más vizsgálat témája lehetne.)

IV. Záró megjegyzések

A rendszerváltást követő két évtizedben a magyarországi konzervatív-polgári és liberális politikai körök ill. politikusai – kétség kívül azért is, hogy a folyamatban betöltött személyes szerepüket kiemeljék – a „tárgyalásos forradalom", tudomány által is megtámogatott tézisét képviselték. A baloldali politikai erők ellenben nem tematizálták a kérdést, mivel az számukra – különösen az „rend-szerváltás belülről" interpretációja – nem jött volna jól ahhoz, hogy a politikai kontinuitás stigmáját, ill. az „utódlás bélyegét" lemos-hassák magukról. Ez is hozzájárult ahhoz, hogy a „tárgyalásos forradalom" tézise hosszú éveken keresztül uralkodó lett a köz-beszédben.

Az elmúlt tíz évben viszont lezajlott az 1987 és 1990 közötti magyarországi események radikális újraértelmezése. A 2010 óta hatalmon lévő, Orbán Viktor nevével fémjelzett hatalmi erők az akkori átalakulást egyfelől egy „belülről" kezdeményezett változás-ként interpretálják, amit a korábbi szocialista politikusok (külön-ösen a Németh-kormány) alapvetően megváltozott nemzetközi helyzethez való alkalmazkodásának, ill. az önmaguk új korszakba való „átmentésének" kísérleteként értékelnek. Másfelől kétségbe vonják, hogy az akkori változásoknak bármiféle „forradalmi" ered-ménye, vagy rendszerátalakító jellege lett volna. A jelenleg domi-náns politikai irányvonal számára a Kádár János liberalizált egy-pártrendszeréről és központi gazdaságirányításáról való átmenet a parlamentáris demokráciába és a piacgazdaságba – tehát az a folyamat, amelyet a tudományos kutatás (politikai, ill. gazdasági) rendszerváltásnak nevez – nem jelent jelentős változást, forradal-mat, átalakulást vagy rendszerváltást. Ez a felfogás a nemzeti és autoriter-centralista alapon most zajló, illiberális államba való átmenetet tekinti a tulajdonképpeni, Magyarországnak megfelelő forradalomnak. (Pár évvel ezelőtt ezekben a politikai körökben még egy „második forradalomról" beszéltek, amely szerintük az „első" folytatása volt.) A nyugati demokrácia felfogása szempontjából Orbán Viktor jelenlegi politikája viszont kétség kívül egy olyan kísérletet jelent, amely legjobban a politikai „ellen-rendszerváltás" kifejezéssel írható le.

"Negotiated revolution" or "transformation from within"?

Characteristics and Background of the Political-System Change in Hungary 1987–1990

I. Introductory remarks

In the last third of the 1980s, processes of radical political change began in the countries of the so-called Eastern Bloc, behind which the economic, social, and political-ideological "total crisis" of the socialist systems was in fact hidden. As is well known, these dynamic developments, which the Soviet Union under Mikhail Gorbachev no longer opposed, led to the end of the so-called "real-socialist" orders and to the establishment of democratic market-economy systems along Western European lines. However, these processes showed significant differences in their timing and nature. (The current question of the stability or permanence of the political and economic systems will not be dealt with here, but a knowledge of recent history could be helpful in finding answers in this respect as well.)

In academic research over the past decades, a wide variety of terms have been used to characterize the transformation processes in the individual states of Eastern Central and South-Eastern Europe. For example, except in the case of Romania, the terms "peaceful" or "velvet revolution", "lawful" or "self-limiting revolution", or "regulated revolution" or "refolution" have been used, the last of these alluding to the mixture of elements of revolution and reform. Over the course of the system change in Poland and Hungary, the political and historical sciences generally spoke – and still speak – of a "negotiated revolution". This narrative places the "Round Table" mediation talks, that is, the negotiations between those in power and the opposition, at the centre of the transformation process.

With regard to the historical analysis of the change of the political system in Hungary, there is a paradox: on the one hand, a large number of basic sources – not only in Hungarian – are available in the form of printed publications, on the Internet and in Hungarian archives; on the other, the predominant image of this historical process in academia and the public imagination is still essentially shaped by the subjective experiences of the actors of the time, who – especially on the side of the anti-socialist opposition – were or are often active as political and social scientists. A truly controversial, scientifically constructive discourse that reaches beyond Hungary's borders on the character of the country's change of political system has not been conducted to date and is unlikely to be conducted in the foreseeable future. The attempt by Hungarian politics to instrumentalize the events of that time for its own political–ideological purposes and to "harness" academia stood and stands in the way of an objective scientific treatment of the topic.

Part II of this historiographical work, freed from the – in the Hungarian case rather misleading – corset of political–scientific theories of transformation, presents what I consider to be the decisive events and developments of the change in the Hungarian political system; it shows the role of individual actors, and ultimately pursues the question of whether its characterization as a "negotiated revolution" or even as "something negotiated" is actually appropriate. In Part III, some essential backgrounds for the described specific course of political transformation in Hungary are presented. For this purpose it is necessary to take a short look at Hungary's political system after the revolution of autumn 1956, and especially at so-called Kádárism.

II. Course and characteristics of the political-system change in Hungary

In the mid-1980s, Hungarian reform socialism – like the other communist systems in Eastern Europe – fell into an open, deep and widespread crisis that took on dramatic proportions, especially in the economic sphere. The malfunctioning of the socialist economies (including Hungary's liberalized central administrative economy) had now become particularly evident, mainly through a decline in productivity, erosion of international competitiveness and growing technological backwardness and lack of innovation. At the same time, deviant phenomena such as suicide and alcoholism intensified, and in the field of ideology there was a growing gap between claims and reality. Hungary's economic difficulties were exacerbated by the fact that since the 1970s the country's leadership had increasingly resorted to Western loans to finance its policy of continuously rising living standards: so-called "Goulash Communism". The result of this policy was that Hungary fell into a debt trap and was eventually barely able to meet its financial obligations.

The somewhat elderly leadership of the Hungarian Socialist Workers' Party (MSZMP) around János Kádár, the so-called Kádár Circle, was increasingly perplexed by these developments after autumn 1986, after three decades of autocratic rule, and was therefore finally prepared to allow new, younger members to rise to leading positions. In the course of the generational change that began in mid-1987, Politburo member Károly Grósz – whom the Kádár Circle believed was the most capable of overcoming the crisis while maintaining the leading role in the party – was appointed Prime Minister, and the young economist Miklós Németh, who was well versed in the market economy, took over the leadership of economic policy. Against the background of the opportunities opened by Gorbachev, both politicians now pursued a course that envisaged not only radical economic austerity and rationalization measures to combat the crisis, but also a transition to a "regulated market economy". On the one hand, the socialist sector (state enterprises and cooperatives) was to continue to play a priority role, but on the other, forms of ownership were to be developed, especially in the (limited) private sector. It was envisaged that economic life itself would no longer be coordinated primarily by the plan, but essentially by the market. (Thus, the project went far beyond the objectives of the Hungarian economic reforms of 1966–8.)

Of particular importance for further political developments was the fact that the new economic policy was to be flanked by domestic liberalization measures, that is, by the extension in principle of the population's rights under the one-party system, including – unique in the Eastern camp – the granting of a passport valid worldwide to Hungarian citizens. This step revealed the view that the fight against the economic crisis and the transition to the market mechanism could only be successful with the active participation of a population – politically incapacitated and passive until then due to the paternalism of Kádár – endowed with political and economic rights and with the open articulation of socio-economic interests. Of course, the leadership's political reforms were also intended to compensate the population for the restrictions in living standards that were at least temporarily associated with the economic consolidation and transformation phase. In the Hungarian case we see clearly that the process of political change was not set in motion by pressure from the masses or from opposition circles – or even by a "people's struggle for freedom" – but primarily by radical economic plans that younger "insightful forces" in the ranks of those in power had made against the background of a catastrophic economic situation and the stalling resistance of the Kádár Circle.

After four essential features of Kádárism had already been abandoned in mid-1987 – namely, the principles of coordination of the economy (in the form of a liberalized planned economy), a continuously rising standard of living, full employment and the political non-mobilization of the population – the Kádár era came to an official end in spring 1988, with the replacement of János Kádár as general secretary. The forces around the new party leader, Prime Minister Károly Grósz, as well as the economist and politician Miklós Németh, the head of the People's Patriotic Front Imre Pozsgay and the "father of the economic reforms of 1968" Rezső Nyers, now set about implementing the concept of a regulated market economy – which was never really accepted by the Kádár Circle. At the same time, under the banner of "socialist pluralism", they implemented a series of political reforms aimed primarily at granting the right of assembly and association under the one-party system, developing workers' rights and promoting the development of internal party democracy.

This policy, however, triggered – as in Czechoslovakia during the Prague Spring of 1968 – dynamic pluralization processes in Hungarian society that had not been expected to such an extent by the new party and state leadership and quickly went beyond the scope of "socialist pluralism". Thus, after the spring of 1988, a large number of publishing houses, alternative trade unions and independent social associations were founded, the existing opposition groups (especially the liberal–urban "Democratic Opposition" and the national–traditionalist "Popular Opposition") intensified their activities, and political organizations or parties that openly pursued bourgeois democratic goals were newly founded or reactivated. These pluralization processes were, however, generally limited to small intellectual circles in the capital, which were fragmented and strongly divided among themselves, were not associated with any permanent mass mobilization, and thus could not exert direct, effective and targeted political pressure on the rulers. However, by autumn 1988 at the latest, such diffuse domestic political developments confronted those in power with a choice between suppressing the pluralization processes by force – as in Czechoslovakia in 1968 or Hungary in 1956 – or accepting the changes and trying to take the lead in order to carry out the political-change process "on their own" and influence it in their own favour.

After intensive political discussions within the Hungarian Socialist Workers' Party, the decisive turning point finally came in late 1988/early 1989. Against the growing resistance of the forces around General Secretary Károly Grósz, who no longer supported such radical political changes, leading representatives from the party and state, primarily Politburo member Imre Pozsgay and Miklós Németh, who had since risen to the position of head of government, openly supported a transformation of the political order, that is, a transition to a democratic, pluralistic order without "socialist premises". And in the economy, too, these figures (who could no longer be described as "radical reformers" but rather "transformers"), from then on also pleaded in favour of a radical, market-based property reform, ending the dominance of the social forms of ownership that had been established until then. As a result, the party split into a "conservative wing", which adhered to the principles of socialist pluralism, to a socialist market economy and to an undefined concept of socialism, and a "reform wing", which, in the meantime, was striving for a complete transformation of the political and economic order, one that went far beyond Gorbachev's objectives in the Soviet Union.

Two factors were now decisive for further developments: first, the future political role of the opposition movements, and, second, the development of the balance of power within the Hungarian Socialist Workers' Party and the government. By mid-March 1989, however, the opposition had failed to overcome its internal divisions and political and organizational weaknesses, and therefore to gain significant popular support and to join forces against those in power. In the meanwhile, the internal party and government forces around Németh and Pozsgay, supported by the majority of the party base – organized in "reform circles" – and the so-called reform intellectuals, pushed back the conservative forces around Grósz and took several fundamental steps towards democratizing the political order in the first three months of 1989.

First, in January 1989 they enforced laws relating to freedom of association and assembly and the right to strike, which were in line with Western standards and not limited by the attribute "socialist", thus creating an essential precondition for the emergence of a modern civil society in Hungary.

Second, in February 1989 they succeeded – against initially strong resistance – in getting the Politburo and the Central Committee to speak out in favour of accepting in principle a competitive multi-party system. Even if this was to be achieved only gradually, this decision meant that the party was renouncing its established leadership role and thus ultimately accepting a possible loss of power.

Third, in February 1989, at the instigation of Imre Pozsgay, the events of the autumn of 1956 were radically reinterpreted by the party: the "counterrevolution" was now redefined as a "popular uprising". This was of great symbolic importance in that it rejected the Kádár regime's and the Hungarian Socialist Workers' Party's more than three-decades-old self-legitimation of their monopolistic rule. (Kádár had based the legitimacy of his assumption of power on that of the suppression of the popular uprising of 1956, which was accordingly called a "counterrevolution".)

And fourth, at party level and in parliament in February/ March 1989, they pushed through a proposal for a total revision of the constitution, which radically broke with communist constitutional principles and envisaged the establishment of a constitutional state, parliamentary democracy and a market economy.

In terms of foreign policy, Prime Minister Németh on the one hand hedged the new political course in Hungary against the politics of the Soviet Union (which at that time, however, was mainly concerned with itself, that is, with its own enormous problems); on the other, with the active participation and initiative of the Hungarian ambassador in Bonn, István Horváth, he successfully campaigned for the economic–financial and political–diplomatic support of the West German political, economic and financial elite for the Hungarian transformation process. The fact that the Federal Republic had already been following developments in Hungary with particular interest for two decades and – in comparison with the other states of the "Eastern camp" – had established surprisingly intensive economic and political contacts with the small Danube state had a positive effect.

The fundamental steps towards the transformation of the political order in Hungary had thus been taken at party and state level by mid-March 1989, parallel to the introduction of the transformation of the economic system. In contrast to those in the People's Republic of Poland, these developments took place without direct and decisive pressure from the mostly still passive Hungarian population or the participation of the still-fragmented opposition. Until the spring of 1989 there was no powerful and united oppositional trade union movement In Hungary like the Polish "Solidarity", and no religious–national force like the Polish Catholic Church, which – as political and societal assembly and mobilization points – could have organized massive political pressure on those in power and brought about a real political stalemate.

At this point, the question arises as to what prompted Hungarian rulers to abandon the concept of "socialist pluralism" and to embark on the experiment of a political-system change (at that time still called "model change", for tactical reasons). Three aspects are important in this respect.

One was the fact, also accepted by the Kádár Circle and the conservative forces around former head of government Grósz, that the use of force to stop or limit the pluralization process in 1988–9 was no longer a realistic option. In contrast to 1956, those in power in Hungary no longer had any guaranteed backing from Moscow and thus had to fear completely incalculable developments – from protest movements and mass mobilizations to a general strike and a bloody civil war. Moreover, a party–state use of force would certainly have led to a Western (especially West German) financial and economic boycott and thus to the collapse of the Hungarian economy.

The second aspect was the realization by the politicians around Németh and Pozsgay that socialism could no longer be reformed or that its potential for reform had been completely exhausted under Kádár, and that an appropriate, modern development of Hungarian society and the economy – under the fundamentally changed international conditions of the late twentieth century (economic and cultural globalization, dynamic development of the information society, and so on) – could only be ensured by a consistent transition to a pluralistic market economy.

Finally, a third, particularly significant aspect was the transformers' hope – which until autumn 1989 did not seem unrealistic at all – that they would be able to save themselves for the new era by actively pursuing a comprehensive system change. In 1989, the Hungarian sociologist Elemér Hankiss formulated this situation as follows: *"Is it at all possible and probable that the [ruling] Hungarian elite will bear the risk that the transition to a new economic and social order means for them? This is conceivable in only one case: she could and can only engage in the experiment if [...] she has a relatively good chance of transforming her [...] existing privileges and authority into power and privileges within the new system."* (Hankiss, 1989, p. 15). At the end of 1989, however, it became apparent that this was a miscalculation for many, if not all, of the party and government transformers.

It was only after the fundamental decisions at party and government level had been introduced that the numerous small and heterogeneous Hungarian opposition movements succeeded, in mid-March 1989, in uniting to form a common force, the so-called "Opposition Round Table". Only now were they able to gain some popular support and begin to exert targeted political pressure on those in power. On 15 March 1989, the anniversary of the Hungarian Revolution of 1848, the main opposition movements, the national–traditionalist Hungarian Democratic Forum (MDF) and the urban–liberal Alliance of Free Democrats (SZDSZ), as well as a large number of smaller organizations, appeared together for the first time and were thus able to confront the rulers at the commemoration ceremonies.

In the following three months, not only did the united opposition consolidate its position vis-à-vis those in power, but the politicians around Németh and Pozsgay also succeeded in disempowering the "brakemen" in the state and party and continuing the transformation process. Crucial in this phase were the changes that took place within the Hungarian Socialist Workers' Party itself: in May 1989, the Central Committee decided to renounce the prerogative of the Party to fill leading positions in state and public institutions. This led to a fundamental change in the relationship between state and party; the party lost – at least de jure – its character as a state party and Hungary lost its character as a party state. This also meant that the prime minister and his government could now act more and more independently of the party, and that Miklós Németh was now able, as late as May 1989, to fundamentally restructure his cabinet or fill it up with convinced supporters of the system's transformation (Gyula Horn, Ferenc Glatz, László Békesi, and others). In June 1989, the typically Bolshevik organizational form of the party came to an end: the leadership was transferred from the general secretary to a four-member collective body and the Politburo was replaced by a so-called "Political Administration Committee". This also meant that the conservative wing around Károly Grósz was finally overthrown.

Political developments in Hungary led to the National Round Table negotiations of mid-June 1989. In these negotiations, the united opposition was able for the first time to exert real influence on the political-transformation process as an equal negotiating partner, alongside the ruling party and mass organizations close to it. In other words, it was able to participate in the elaboration of the modalities of the transition to democracy, in the concrete shaping of the future democratic constitutional order and in the definition of electoral law.

However, the significance of the Round Table talks was diminished not only by the fact that – in contrast to those in Poland – they took place only in the late phase of the change, after the fundamental decisions on political and economic transformation had been made, but also by the fact that economic, social, foreign, cultural and educational policy issues were not discussed there. This meant that the government under Prime Minister Németh, which in the meantime had replaced the party leadership as the political decision-making centre – in the spirit of the democratization process – was able to continue the system change in these areas entirely on its own. This applied – spectacularly – to Hungarian foreign policy, headed by Gyula Horn since May 1989: after the party leadership under Károly Grósz had decided to dismantle the "Iron Curtain" on the border to Austria at the end of February 1989, something that began in early May 1989, the Németh government decided to let GDR citizens who were in Hungary and did not want to return to East Germany leave for the West on 11 September 1989. At the same time, the government took numerous other steps in economic policy – also without any impact from the opposition – that were of fundamental importance for the economic-trans-formation process. The coming into force of the "Law on Economic Companies" in January 1989 was followed, inter alia, by the adoption of the "Law on the State Property Agency" as the central organ of privatization, as well as numerous investment, corporate and tax regulations to establish a market economy. And in cultural and educational policy, the historian Ferenc Glatz initiated the transition to a pluralistic, Western-oriented system with a series of laws and decrees, and liberated the Hungarian churches from their "socialist chains".

Meanwhile, in mid-September 1989, settlement negotiations between the ruling powers and the opposition came to an end. Their results formed the basis for several draft laws, including on electoral law, political parties, and the revision of the constitution. The last of these formed the basis for the Constitution of the Republic of Hungary, which came into force on 23 October 1989. Although this was only a revision of the 1949 Constitution of the People's Republic of Hungary – as provided for in the aforementioned constitutional proposal – the modified "Basic Law" broke completely with the principles of the real-socialist social order and declared its full commitment to the principles of a democratic constitutional order, that is, to the rule of law and separation of powers, to popular sovereignty and parliamentary democracy, to pluralism and a multi-party system, and to a market economy. (Discussing the question raised over the past decade as to whether the "Constitution of 1989" was appropriate for Hungarian society, or whether it was a basic law that was "imposed" on it by Western-oriented intellectuals, would require a separate study.)

Only a few weeks after the negotiations at the National Round Table, an event took place in Hungary that is unique in the history of political parties and also highlights the way in which the Hungarian system has been transformed: at its party conference in October 1989, the Hungarian Socialist Workers' Party (MSZMP), established in 1956 by János Kádár and other communists, dissolved itself and the delegates founded the Hungarian Socialist Party (MSZP). This new left-wing party differed radically from its predecessor politically, ideologically, and organizationally – that is, it was organized in a grassroots democratic manner and oriented itself towards a reformist understanding of socialism. This not only marked the end of the Kádár era, but also created a new left-wing, democracy-compatible party.

With the enactment of the constitutional amendments and the proclamation of the Republic of Hungary on 23 October 1989, the process of political-system transformation was complete, at least in the sense of state law. This led to free parliamentary elections in the spring of 1990, which resulted in an extensive change of political elites and the formation of a national–conservative government under József Antall, the chairman of the Hungarian Democratic Forum (MDF). The new government initiated a phase of democratic consolidation, during which the last relics of the communist era were removed, and the system of local self-government was adapted to the new circumstances.

If we now look back in summary at the political events in Hungary in the years from 1987 to 1990, the following conclusion can be drawn:

1) Against the backdrop of the political developments in the Soviet Union and Hungary's catastrophic economic and financial situation, the Hungarian leadership not only decided on a transition to market-based coordination of economic life, but also implemented radical political reforms, which eventually developed a momentum of their own that was not originally intended.

2) After the "reform wing" (that is, the transformers) within the party had decided to take the lead in the process of political change, the fundamental decisions to transform the political order were made by mid-March 1989 without direct and decisive pressure from society or the opposition.

3) It was not until June 1989 that the opposition movements succeeded in intervening in the political-transformation process; during the three months of the National Round Table negotiations, they were able to participate in the concrete shaping of the electoral law, the law on political parties and the constitutional order. The negotiations were not launched – as in Poland – as a result of a permanent stalemate between the regime and the opposition, but rather because of the internal logic of the transformation process pursued by the politicians around Németh and Pozsgay – or, to put it another way: by accepting the talks, the transformers demonstrated that they took democratization seriously. (A refusal to hold settlements between equal partners would have discredited Németh and Pozsgay's democratization policy, just as a refusal to open the Hungarian western border in September 1989 would have called into question the Hungarian government's foreign and opening-up policy to the West.)

4) In conclusion, the political-transformation process that was essentially completed in October 1989 was thus not a "negotiated revolution" as in Poland, but essentially a "transformation from within", initiated and largely carried out by the transformers in the ruling party or government. The term "revolution" is particularly problematic in the Hungarian case, because although the results of the process of change can indeed be called revolutionary, the path to it was decidedly evolutionary.

III. Background of the course of system transformation in Hungary

As mentioned at the beginning, Kádárism played an important role in the particular course of political-system change in Hungary – that is, the variant of socialism that had been gradually developed by the communist leadership under János Kádár against the background of the lessons of the revolution of autumn 1956. On the one hand, the Hungarian model of state socialism – like all real-socialist systems – was characterized by the maintenance in principle of the cornerstones of communist rule: 1) by the existence of a centralized communist cadre party with an absolute claim to leadership; 2) by the merger of state and party to form a party state or state party; 3) by the existence of an extensive apparatus of repression; and 4) through a planned economy based on so-called "societal property".

On the other hand, however, Kádárism was also characterized by a gradual reduction in the practice of power (one that could of course be reversed at any time), and by the granting of a growing standard of living, one that was relatively high for socialist circumstances. Kádár's economic reforms, observed with suspicion by Moscow but ultimately mostly tolerated, led firstly to the emergence of a liberalized centralized administrative economy, in which detailed planning instructions were renounced and attempts were made to enable the "invisible hand" of the market. State enterprises and cooperatives were granted considerable autonomy and a so-called "second economy" with small private or semi-private forms of enterprise was able to develop alongside the socialist sector. Secondly, Kádár's reform socialism – under the well-known motto "who is not against us, is for us" – created a relatively relaxed domestic political atmosphere: as a sign of advanced destalinization, citizens were granted a largely untroubled and politically free private sphere, the party refrained from a permanent politicization of society and opened up "small freedoms" for Hungarians, including the – of course controlled – option of travelling to the West or engaging in certain cultural activities that were not in the "socialist spirit". The extent of surveillance and repression by state security was reduced and state action under the sign of "socialist legality" was tied to a certain extent to formal legal norms.

Altogether, eight aspects of Kádárism had a particular impact on the character of the system change in Hungary:

1) The domestic political liberalization under Kádár enabled the emergence of a "latent pluralism" in Hungarian society, resulting in the formation of small groups of dissidents. From their ranks emerged the most important opposition organizations in 1988–9, especially the Hungarian Democratic Forum (MDF) and the Association of Free Democrats (SZDSZ). Most of these groups tied in with pre-war political movements and were therefore extremely heterogeneous in political and ideological terms even at the time of political change.

2) Kádár's domestic liberalization and economic-reform policies also affected the internal character of the state party. Since the 1960s, the Hungarian Socialist Workers' Party (MSZMP) – quite the opposite of the Socialist Unity Party of Germany (SED), for example – had been characterized by the existence of various internal party factions that differed in their attitudes to the – first economic, then political – reform processes. The protagonists of democratization later emerged from the so-called reform wing, namely, the so-called reform politicians, reform intellectuals and reform circles from the party base – in other words, the trans-formers at various levels of politics.

3) The experience of violence – the trauma of the popular uprising of 1956, in which several hundred people died, thousands were injured and great destruction took place – led to a willingness among both those in power and the opposition to renounce violence and to seek negotiated solutions. Accordingly, the change of system was – in contrast to that in Romania – completely non-violent and accompanied in its final phase by a mutual willingness to engage in dialogue. Fears of a "repeat of 1956" arose above all during the

mourning ceremony for the executed Prime Minister of the revolution, Imre Nagy, on 16 June 1989, so that the government and opposition were significantly concerned to avoid mutual provocation during this mass event. (This was successful, even though a young liberal politician by the name of Viktor Orbán took the opportunity to make a sensational, sharply anti-socialist speech.)

4) The fact that in the 1980s Hungary came to be almost existentially dependent on Western, especially West German, financiers also had a dampening effect on the willingness of those in power to resort to violent solutions. Already in the final phase of the Kádár era, the Hungarian leadership could afford less and less to resort to violence against dissenters.

5) The Hungarian legal system was relatively well developed for a single-party communist state, and this meant that during the transition – in terms of both economic and domestic policy – it was possible to build on already existing legal norms and that the change of system could be carried out within the framework of regulated processes of legislation, amendment of laws and constitutional reform – that is, by evolutionary means.

6) Kádár's policy of limited politicization of the population, the freedom to retreat into the private sphere and the guarantee of a comparatively high standard of living led to a successful political "immobilization" of the masses during the Kádár era – outside political–ideological rituals. This in turn resulted in an extremely low willingness to protest among the population, so that one can speak of a "political Biedermeier mentality" in this era. This attitude continued, with a few exceptions, even during the months of the political-system change and meant that opposition organizations could not gain stable and lasting political support among the population.

7) Due to the existence of a "quasi-market economy", with a layer of private entrepreneurs and relatively developed economic legislation, radical economic reforms and the transition to a market economy – without which, of course, there can be no democratic

political system – could occur in incomparably better conditions than in other transition states.

8) The fact that since the 1960s Hungary had developed close economic, then political, and finally also cultural relations with the Federal Republic of Germany, and that the West German leadership was interested in the reform and transformation process in Hungary for economic and political reasons, led to intensive support for the transformation and its protagonists by West German politicians and economic and financial leaders. This support in turn favoured the evolutionary implementation of the "transformation from within" and put Hungary in an outstanding "starting position" among the states of Eastern Europe in the early 1990s. (However, the opportunities associated with this favourable starting position, which was achieved by the special way in which the political system was transformed, were – quite obviously – wasted. But this is already another issue.)

IV. Final remarks

In the two decades after political transition, representatives from Hungary's conservative-bourgeois and liberal political camp propagated – undoubtedly also to emphasize their personal role in the transformation phase – the thesis of the "negotiated revolution", which was mostly "substantiated" by academia in Hungary. Meanwhile, political actors on the left did not take up the issue because they felt it was inconvenient – especially if interpreted as "transformation from within" – to shake off the stigma of "political continuity" or the "brand of succession". For this reason, too, the thesis of the "negotiated revolution" became firmly established in public discourse for many years.

For ten years now, however, a radical political reinterpretation of the events of the years 1987 to 1990 in Hungary has emerged. The political forces around Viktor Orbán, which have been in power since 2010, interpret the upheaval of that time as a change initiated "from within", which represented an effort by former socialist politicians (especially the Németh government) to adapt to a fundamentally changed international situation – that is, an attempt to "save themselves" for the new era. However, this interpretation fundamentally denies the revolutionary result or transforming character of the processes of that time. For this currently dominant political tendency, the transition from János Kádár's liberalized one-party rule and centralized administrative economy to a parliamentary democracy and market economy – that is, the process referred to in academic research as (political or economic) system transformation – does not imply any significant change, revolution, transformation or system change. Rather, it regards the transition to an "illiberal state" now taking place on a national and authoritarian–centralist basis as the real "revolution" appropriate to Hungary. (Only a few years ago there was still talk in these political circles of a "second revolution", one that is succeeding the "first".) From the perspective of a Western understanding of democracy, however, Viktor Orbán's current policies are undoubtedly a political experiment that could be described as a "counter-transformation".

Chronologie

1987

23. Juni	Miklós Németh wird zum ZK-Sekretär für Wirtschaftspolitik ernannt.
25. Juni	Károly Grósz übernimmt das Amt des Vorsitzenden des Ministerrats (Ministerpräsident).
2. Juli	Das Zentralkomitee verabschiedet das sogenannte Entfaltungsprogramm.
27. September	Bei einem oppositionellen Treffen in der Ortschaft Lakitelek wird das volkstümlich-nationale Ungarische Demokratische Forum (MDF) als unabhängiges Diskussionsforum gegründet.
7.–10. Oktober	Ministerpräsident Károly Grósz besucht die Bundesrepublik und unterzeichnet mehrere grundlegende Verträge und Vereinbarungen.

1988

1. Januar	Die Regierung führt die Einkommenssteuer und einen für alle Länder gültigen „Weltpass" ein.
15. März	In Budapest organisieren Oppositionelle zum Jahrestag der Revolution von 1848 eine Demonstration mit über 10.000 Teilnehmern.

17. März	Die liberal-urbane Initiative Freier Netzwerke (SZKH) wird gegründet.
30. März	Der Bund Junger Demokraten (Fidesz) wird als alternative Jugendbewegung gegründet.
20.–22. Mai	Auf der Konferenz der Ungarischen Sozialistischen Arbeiterpartei (MSZMP) wird János Kádár als Generalsekretär abgelöst, sein Nachfolger ist Károly Grósz. Der Großteil der Politbüro-Mitglieder wird ausgewechselt. Die Parteikonferenz proklamiert das Konzept des „Sozialistischen Pluralismus" auf der Grundlage der führenden Rolle der Partei.
27. Juni	Oppositionsbewegungen organisieren in Budapest eine Demonstration gegen die rumänische Minderheitenpolitik und das sogenannte Dorfzerstörungs-Programm.
23.–24. August	Im Kohlebergwerk von Mecsek wird gestreikt.
3. September	Das Ungarische Demokratische Forum (MDF) wird zu einer „gesellschaftlichen Organisation".
23. September	Das unabhängige wöchentliche Boulevard-Magazin „Reform" erscheint erstmals.
5. Oktober	Das Parlament verabschiedet das Gesetz über die Wirtschaftsgesellschaften. Das Gesetz tritt am 1. Januar 1989 in Kraft.
11. November	Die (historische) Unabhängige Kleinlandwirtepartei (FKGP) wird als erste bürgerliche Partei reaktiviert.
13. November	Die liberal-urbane Opposition gründet den Bund Freier Demokraten (SZDSZ).

24. November	Das Parlament wählt Miklós Németh zum Vorsitzenden des Ministerrats (Minister-präsident).
29. November	Károly Grósz hält vor Budapester Partei-aktivisten eine Rede über die Gefahr eines „weißen Terrors".

1989

28. Januar	Politbüro-Mitglied Imre Pozsgay bezeichnet die Ereignisse von 1956 öffentlich als „Volksaufstand" anstelle von „Konterrevo-lution".
6. Februar	Beginn der Rundtisch-Gespräche in Polen.
10.–11. Februar	Das Zentralkomitee akzeptiert den Grund-satz des Mehrparteiensystems und die Be-zeichnung von 1956 als „Volksaufstand".
28. Februar	Das Politbüro beschließt den Abbau des „Eisernen Vorhangs" an der ungarisch-öster-reichischen Grenze.
9. März	Das Parlament nimmt die Konzeption für eine radikale Verfassungsrevision an.
15. März	Die Opposition organisiert in Budapest eine Demonstration mit mehreren Zehntausend Teilnehmern.
19. März	Der Bund Junger Demokraten (Fidesz) orga-nisiert sich als politische Partei mit basis-demokratischem und liberalem Profil.
22. März	Der „Oppositionelle Runde Tisch" wird als Zusammenschluss der bedeutendsten Oppo-sitionsparteien ins Leben gerufen.

22.–23. März	Das Parlament verabschiedet das Streik-gesetz.
25. April	Der Teilabzug der sowjetischen Truppen aus Ungarn beginnt.
2. Mai	Der ungarische Grenzschutz verkündet den Beginn des Abbaus des „Eisernen Vorhangs" an der österreichischen Grenze auf einer internationalen Pressekonferenz.
8. Mai	Das Zentralkomitee verzichtet auf die Aus-übung der Kaderkompetenzen der Partei.
10.–12. Mai	Ministerpräsident Miklós Németh bildet seine Regierung um (zweites Kabinett Németh).
20.–21. Mai	Die „Reformzirkel" innerhalb der Ungari-schen Sozialistischen Arbeiterpartei (MSZMP) veranstalten in Szeged ihre erste landesweite Konferenz.
30. Mai–2. Juni	Das Parlament verabschiedet das soge-nannte Umwandlungsgesetz und das Gesetz über die Volksabstimmung.
13. Juni	Die Ausgleichsverhandlungen zwischen der Ungarischen Sozialistischen Arbeiterpartei (MSMMP), den parteinahen Massenorgani-sationen und den Oppositionsbewegungen (Oppositionelle Runder Tisch) beginnen.
16. Juni	Auf dem Budapester Heldenplatz findet die feierliche Wiederbestattung von Imre Nagy und seinen Mitstreitern unter Teilnahme von mehreren Hunderttausend Teilnehmern statt. Viktor Orbán fordert in einer provo-kativen Rede freie Wahlen und den Abzug der sowjetischen Truppen.

23.–24. Juni	Rezső Nyers wird Vorsitzender der Ungarischen Sozialistischen Arbeiterpartei (MSZMP). Es werden ein vierköpfiges Parteipräsidium (Nyers, Grósz, Pozsgay und Németh) und ein Politischer Verwaltungsausschuss geschaffen.
26. Juni	Das Staatliche Kirchenamt wird aufgelöst.
6. Juli	Der Oberste Gerichtshof hebt das Urteil gegen Imre Nagy und seine Mitstreiter auf. Am selben Tag verstirbt János Kádár.
19. August	Im Rahmen des „Paneuropa-Picknicks" wird die Grenze zu Österreich kurzzeitig geöffnet.
11. September	Die Németh-Regierung öffnet die Westgrenze Ungarns für die Flüchtlinge aus der DDR.
18. September	Die Verhandlungen am Nationalen Runden Tisch werden abgeschlossen. Die liberalen Parteien unterzeichnen die Abschlussvereinbarung nicht.
7.–10. Oktober	Auf dem letzten Parteitag der Ungarischen Sozialistischen Arbeiterpartei (MSZMP) beschließen die Delegierten die Auflösung der Partei und die Gründung einer neuen, demokratischen linken Partei, der Ungarischen Sozialistischen Partei (MSZP).
23. Oktober	Der provisorische Staatspräsident Mátyás Szűrös proklamiert die dritte ungarische Republik. Am selben Tag tritt die Totalrevision der Verfassung in Kraft.
16.–18. Dezember	Bundeskanzler Helmut Kohl stattet Ungarn einen offiziellen Besuch ab.

21. November	Miklós Németh erklärt im Parlament, dass die Schulden Ungarns zum Jahresende 20 Milliarden Dollar erreichen werden.
26. November	Das Ergebnis der „Vier-Ja-Volksabstimmung" verhindert eine erfolgreiche Kandidatur Imre Pozsgays für das Amt des Staatspräsidenten.

1990

1. Januar	Das Verfassungsgericht beginnt seine Tätigkeit.
5. Januar	Infolge der illegalen Tätigkeit der Staatssicherheit bricht der „Dunagate-Skandal" aus.
23. Januar–1. Februar	Das Parlament verabschiedet das Gesetz über die Staatliche Vermögensagentur und das Gesetz über die Religions- und Gewissensfreiheit.
10. März	Die Außenminister Gyula Horn und Eduard Schewardnadse vereinbaren den vollständigen Abzug der sowjetischen Truppen.
25. März/8. April	Der erste bzw. zweite Wahlgang der freien und demokratischen Parlamentswahlen findet statt. Das Ungarische Demokratische Forum (MDF) erhält die Mehrheit der Stimmen und Mandate: Das Ergebnis macht die Bildung einer bürgerlich-konservativen Regierung unter József Antall möglich.
2. Mai	Das Parlament wählt den Liberalen Árpád Göncz zum provisorischen Staatspräsidenten.

23. Mai	Die bürgerlich-konservativen Parteien, das Ungarische Demokratische Forum (MDF), die Kleinlandwirtepartei (FKGP) und die Christdemokratische Volkspartei (KDNP), bilden die Regierung unter József Antall.
19. Juni	Das Parlament „reinigt" im Zuge einer Verfassungsänderung das Grundgesetz von „sozialistischen" Formulierungen.
14. August	Das Parlament nimmt das Gesetz über die örtlichen Selbstverwaltungen an.
30. September	Der erste Wahlgang der Kommunalwahlen findet statt.
14. Oktober	Der zweite Wahlgang der Kommunalwahlen führt zu einem Sieg der unabhängigen Kandidaten.

Kronológia

1987

Június 23.	Német Miklóst kinevezik gazdasági ügyekért felelős Központi Bizottság titkárává.
Június 25.	Grósz Károlyt kinevezik minisztertanács elnökévé (miniszterelnök).
Július 2.	A Központi Bizottság elfogadja az úgynevezett kibontakozási programot.
Szeptember 27.	A lakiteleki találkozó során megalakul a népi-nemzeti Magyar Demokrata Fórum (MDF), mint független vitafórum.
Október 7–10.	Grósz Károly miniszterelnök ellátogat az NSZK-ba és több fontos szerződést és megállapodást ír alá.

1988

Január 1.	Bevezetik a személyi jövedelemadót és a világ összes országába érvényes „világútlevelet".
Március 15.	10-15 ezer fős ellenzéki tüntetést rendeznek Budapesten.
Március 17.	Megalakul a Szabad Kezdeményezések Hálózat, a Szabad Demokraták Szövetsége (SZDSZ) elődje.
Március 30.	Megalakul a Fiatal Demokraták Szövetsége (Fidesz), mint alternatív ifjúsági mozgalom.

Május 20–22.	A Magyar Szocialista Munkáspárt (MSZMP) pártértekezletén felmentik Kádár Jánost a pártfőtitkári tisztségéből, utódja Grósz Károly lesz. Leváltják a Politikai Bizottság zömét is. A pártértekezlet határozata kiáll a párt vezető szerepére épülő „szocialista pluralizmus" mellett.
Június 27.	Tüntetést szerveznek Budapesten a romániai kisebbségpolitika és az úgynevezett falurombolási program ellen.
Augusztus. 23–24.	Sztrájkot rendeznek a Mecseki szénbányában.
Szeptember 3.	Társadalmi szervezetté alakítják át a Magyar Demokrata Fórumot (MDF).
Szeptember 23.	Elindul a Reform című független heti bulvármagazin.
Október 5.	Elfogadják a gazdasági társaságokról szóló törvényt, amely 1989. január 1-én lép életbe.
November 11.	Megalakul a Független Kisgazdapárt (FKGP), mint az első „történelmi" (polgári) párt.
November 13.	Megalakul a liberális-urbánus Szabad Demokraták Szövetsége (SZDSZ).
November 24.	Az Országgyűlés Németh Miklóst választja a minisztertanács új elnökévé (miniszterelnök).
November 29.	Grósz Károly megtartja az úgynevezett „fehér terrorról" szóló beszédét Budapesten a pártaktivisták előtt.

1989

Január 28.	Pozsgay Imre, a Politikai Bizottság tagja a rádióban az 1956-os eseményeket „népfelkelésnek" nevezi.
Február 6.	Lengyelországban megkezdődnek az úgynevezett kerekasztal-tárgyalások.
Február 10–11.	A Központi Bizottság elfogadja a többpártrendszer elvét és az 1956-os események népfelkeléssé minősítését.
Február 28.	A Politikai Bizottság dönt a „vasfüggöny" lebontásáról a magyar-osztrák határszakasznál.
Március 9.	Az Országgyűlés elfogadja az alkotmány alapvető revíziójáról szóló koncepciót.
Március 15.	Ellenzéki tüntetést tartanak Budapesten több tízezer résztvevő jelenlétével.
Március 19.	A Fiatal Demokraták Szövetsége (Fidesz) átalakul politikai párttá, markáns liberális jelleggel.
Március 22.	Megalakul az Ellenzéki Kerekasztal, mint a legfontosabb ellenzéki mozgalmak összefogása.
Március 22–23.	Az Országgyűlés elfogadja a sztrájkról szóló törvényt.
Április 25.	Megkezdődik a szovjet csapatok egy részének kivonulása Magyarországból.
Május 2.	A magyar határőrség egy nemzetközi sajtótájékoztatón jelenti be a vasfüggöny felszámolásának megkezdését.

Május 8.	A Központi Bizottság lemond a káder-politikai kompetenciájáról.
Május 10–12.	Németh Miklós miniszterelnök átalakítja a kormányát.
Május 20–21.	A Magyar Szocialista Munkáspárton (MSZMP) belüli reformkörök megrendezik az első országos tanácskozásukat Szegeden.
Május 30.–június 2.	Az Országgyűlés elfogadja az úgynevezett átalakulási törvényt és a népszavazásról szóló törvényt.
Június 13.	Megkezdődnek a politikai egyeztető tárgyalások az ellenzék (Ellenzéki Kerekasztal), a Magyar Szocialista Munkáspárt (MSZMP) és a tömegszervezetek között.
Június 16.	Megrendezik Nagy Imre és mártírtársainak ünnepélyes újratemetését a Hősök terén több százezer fő részvételével. Orbán Viktor éles hangú beszédben követeli szabad választásokat és a szovjet csapatok kivonulását.
Június 23–24.	Nyers Rezső lesz a Magyar Szocialista Munkáspárt (MSZMP) elnöke, megalakul a négyfős pártelnökség (Nyers, Grósz, Pozsgay, Németh) és a Politikai Intéző Bizottság.
Június 26.	Megszűnik az Állami Egyházhivatal.
Július 6.	A Legfőbb Bíróság megsemmisíti Nagy Imre és társai elleni 1958-ban hozott ítéletet. Ugyanezen a napon meghal Kádár János.
Augusztus 19.	A Páneurópai piknik keretében három órára megnyitják a magyar-osztrák határt.

Szeptember 11.	A Németh-kormány megnyitja az ország nyugati határát az NDK-menekültek előtt.
Szeptember 18.	Véget érnek a nemzeti kerekasztal-tárgyalások. A megállapodást a Szabad Demokraták Szövetsége (SZDSZ) és a Fiatal Demokraták Szövetsége (Fidesz) nem írja alá.
Október 7–10.	A Magyar Szocialista Munkáspárt (MSZMP) utolsó kongresszusán a küldöttek döntenek a párt megszüntetéséről és Magyar Szocialista Párt (MSZP) néven új, demokratikusan működő párt alapításáról.
Október 23.	Szűrös Mátyás ideiglenes köztársasági elnök kikiáltja a harmadik magyar köztársaságot. Ezen a napon életbe lép a magyar alkotmány radikális revíziója is.
December 16–18.	Helmut Kohl nyugatnémet kancellár hivatalos látogatást tesz Magyarországon.
November 21.	Németh Miklós az Országgyűlésben bejelenti, hogy Magyarország bruttó külföldi adóssága az év végére eléri a 20 milliárd dollárt.
November 26.	Megrendezik a „Négyigenes népszavazást". Az eredmény megakadályozza, hogy Pozsgay Imrének esélye legyen a köztársasági elnöki pozíció megszerzésére.

1990

Január 1.	Megkezdi munkáját az Alkotmánybíróság.
Január 5.	Kirobban a Dunagate-botrány a magyar titkosszolgálat törvénytelen tevékenységéről.

Január 23.–február 1.	Az Országgyűlés elfogadja az Állami Vagyon-ügynökségről szóló törvényt és a vallás-szabadság és véleményszabadságról szóló törvényt.
Március 10.	Horn Gyula magyar és Eduard Sevardnadze szovjet külügyminiszter megállapodik a szovjet csapatok teljes kivonulásáról.
Március 25.	Megtartják a demokratikus, szabad parla-menti választások első fordulóját.
Április 8.	Megtartják a demokratikus, szabad parla-menti választások második fordulóját. A Magyar Demokrata Fórum (MDF) szerzi a legtöbb szavazatot és Antall József pártelnök alakíthat polgári-konzervatív kormányt.
Május 2.	Megválasztják Göncz Árpádot ideiglenes köztársasági elnökké.
Május 23.	Megalakul az Antall-kormány a Magyar Demokrata Fórum (MDF), a Független Kis-gazdapárt (FKGP) és a Kereszténydemokrata Néppárt (KDNP) részvételével.
Június 19.	Egy alkotmánymódosítás keretében az Országgyűlés „megtisztítja" az alaptörvényt a régi „szocialista" megfogalmazásoktól.
Augusztus 14.	Az Országgyűlés elfogadja a helyi önkor-mányzatokról szóló törvényt.
Szeptember 30.	Megtartják a demokratikus helyhatósági választások első fordulóját.
Október 14.	Megtartják a helyhatósági választások második fordulóját. A nyertesek a független jelöltek.

Chronology

1987

23 June	Miklós Németh is appointed CC Secretary for Economic Policy.
25 June	Károly Grósz takes over the office of prime minister.
2 July	The Central Committee adopts a program of radical economic austerity and of development of a market economy.
27 September	At an opposition meeting in the village of Lakitelek, the Hungarian Democratic Forum (MDF) is founded as an independent discussion forum.
7–10 October	Prime Minister Károly Grósz visits the Federal Republic of Germany and signs several fundamental contracts and agreements.

1988

1 January	The government introduces income tax and a worldwide valid passport for Hungarian citizens.
15. March	In Budapest, on the anniversary of the revolution of 1848, opposition activists organise a demonstration with over 10,000 participants.

30. March	The Federation of Young Democrats (Fidesz) is founded as an alternative youth movement.
20–22 May	At the conference of the Hungarian Socialist Workers' Party (MSZMP) János Kádár is replaced as general secretary, his successor is Károly Grósz. Most Politburo members are replaced. The party conference proclaims the concept of "socialist pluralism" based on the leading role of the party.
27 June	Opposition movements organise a demonstration in Budapest against the Romanian minority policy and the so-called "village destruction program".
23–24 August	There is a strike in the Mecsek coal mine.
3 September	The Hungarian Democratic Forum (MDF) turns into a "civil society organization".
23 September	The independent weekly boulevard magazine "Reform" is published for the first time.
5 October	Parliament adopts the law on business companies. The law enters into force on 1 January 1989.
11 November	The (historical) Independent Smallholders' Party (FKGP) is the first bourgeois party to be reactivated.
13 November	The liberal-urban opposition founds the Alliance of Free Democrats (SZDSZ).
24 November	The parliament elects Miklós Németh as prime minister.
29 November	Károly Grósz gives a speech to Budapest party activists about the danger of "white terror".

1989

28 January	Politburo member Imre Pozsgay publicly calls the events of 1956 a "popular uprising" instead of "counterrevolution".
6 February	Start of the round table negotiations in Poland.
10–11 February	The Central Committee accepts the principle of a multi-party system and the re-evaluation of 1956 as a "popular uprising".
28 February	The Politburo decides to remove the "Iron Curtain" on the Hungarian-Austrian border.
9. March	Parliament adopts the concept for a radical revision of the constitution.
15 March	The opposition organises a demonstration in Budapest with tens of thousands of participants.
19 March	The Federation of Young Democrats is organised as a political party with a grass-roots democratic and liberal profile.
22 March	The "Opposition Round Table" is created as an association of the most important opposition parties.
22–23 March	Parliament adopts the right to strike.
25 April	The partial withdrawal of Soviet troops from Hungary begins.
2 May	The Hungarian Border Guard announces the start of the dismantling of the "Iron Curtain" at an international press conference.

8 May	The Central Committee refrains from exercising its personnel policy competencies in state and public institutions.
10–12 May	Prime Minister Miklós Németh reorganises his government.
20–21 May	The "reform circles" within the Hungarian Socialist Workers' Party (MSZMP) are holding their first nationwide conference in Szeged.
30 May–2 June	Parliament passes the so-called Conversion Act and the Referendum Act.
13 June	The negotiations between the Hungarian Socialist Workers' Party, the mass organizations close to the party and the opposition movements (Opposition Round Table) begin.
16 June	On Budapest's Heroes' Square the ceremonial reburial of Imre Nagy and his companions takes place with the participation of several hundred thousand people. In a provocative speech, Viktor Orbán demands free elections and the withdrawal of Soviet troops.
23–24 June	Rezső Nyers becomes chairman of the Hungarian Socialist Workers' Party (MSZMP). A four-member party presidium (Nyers, Grósz, Pozsgay and Németh) and a Political Administration Committee are created.
26 June	The State Church Office is dissolved.
6 July	The Supreme Court overturned the verdict against Imre Nagy and his associates. János Kádár dies the same day.

19 August	As part of the "Pan-European Picnic" the border to Austria is opened for three hours.
11 September	The Németh government opens the western border of Hungary for the refugees from Eastern Germany.
18 September	The negotiations at the National Round Table are ending. The liberal parties do not sign the final agreement.
7–10 October	At the last congress of the Hungarian Socialist Workers' Party (MSZMP), the delegates decide to dissolve the party and found a new, democratic left-wing party, the Hungarian Socialist Party (MSZP).
23 October	The provisional president Mátyás Szűrös proclaims the third Hungarian Republic. The total revision of the constitution comes into force on the same day.
16–18 December	Chancellor Helmut Kohl is paying an official visit to Hungary.
21 November	Miklós Németh explains in parliament that Hungary's debt will reach 20 billion dollars by the end of the year.
26 November	The result of the "four-yes popular vote" is preventing Imre Pozsgay's successful candidacy for the office of president.

1990

1 January	The Constitutional Court begins its work.
5 January	The "Dunagate scandal" breaks out because of the illegal activity of state security.

1 February	Parliament passes the Law on the State Property Agency and the Law on Freedom of Religion and Conscience.
10 March	Foreign Ministers Gyula Horn and Eduard Shevardnadze agree to the complete withdrawal of Soviet troops.
25 March/8 April	The first and second rounds of free and democratic parliamentary elections are held. The Hungarian Democratic Forum (MDF) receives most votes and mandates: the result makes the formation of a bourgeois-conservative government under József Antall possible.
2 May	Parliament elects the liberal politician Árpád Göncz as provisional President of the Republic.
23 May	The bourgeois-conservative parties, the Hungarian Democratic Forum (MDF), the Smallholders' Party (FKGP) and the Christian Democratic People's Party (KDNP) form the Antall government.
19 June	In the course of a constitutional amendment, Parliament "cleans" the constitution of old "socialist" phrases.
14 August	Parliament adopts the law on local self-government.
14 October	The second round of the local elections leads to a victory for the independent candidates.

Quellen – Források – Sources

ÁGH, ATTILA [et al.] (eds.): Rendszerváltók a baloldalon. Reformerek és reformkörök 1988–1989. Válogatott dokumentumok [*Transformer auf der linken Seite. Reformer und Reformzirkel 1988–1989. Ausgewählte Dokumente / Transformers on the left. Reformers and Reform Circles 1988–1989. Selected Documents*]. Budapest 1999.

AGÓCS, SÁNDOR/MEDVIGY, ENDRE (eds.): Lakitelek 1987. A magyarság esélyei. A tanácskozás hiteles jegyzőkönyve [*Lakitelek 1987. Die Chancen des Ungarntums. Das beglaubigte Protokoll der Konferenz / Lakitelek 1987. The chances of the Hungarian people. The authenticated minutes of the conference*]. Budapest 1991.

BOZÓKI, ANDRÁS (ed.): Tiszta lappal. A FIDESZ a magyar politikában 1988–1991 [*Mit sauberen Karten. Der FIDESZ in der ungarischen Politik 1988–1991 / With clean cards. The FIDESZ in Hungarian politics 1988–1991*]. Budapest 1991.

BOZÓKI, ANDRÁS (ed.): A rendszerváltás forgatókönyve. Kerekasztaltárgyalások 1989–ben. Dokumentumok [*Das Drehbuch des Systemwechsels. Rundtisch-Verhandlungen 1989. Dokumente / The screenplay of the system change. Round Table Negotiations in 1989. Documents*]. Budapest 1999.

CSIZMADIA, ERWIN (ed.): A Magyar Demokratikus Ellenzék (1968–1988). Dokumentumok [*Die Ungarische Demokratische Opposition (1968–1988). Dokumente / The Hungarian Democratic Opposition (1968–1988). Documents*]. Budapest 1995.

HERDER-INSTITUT (ed.): Dokumente und Materialien zur ostmitteleuropäischen Geschichte. Themenmodul „Umbruch in Ungarn 1985–1990", ausgewählt von ANDREAS SCHMIDT-SCHWEIZER [*Dokumentumok és anyagok a kelet-középeurópai történelemhez. „Rendszerváltás Magyarországon 1985–1990" – tematikai modul, összeállította: Andreas Schmidt-Schweizer / Documents and materials on East Central European history. Thematic module "System change in Hungary 1985–1990", selected by Andreas*

Schmidt-Schweizer]. Marburg 2014/2017. URL:
https://www.herder-institut. de/go/rR-be2f8a.

HERDER-INSTITUT (ed.): Dokumente und Materialien zur ostmittel-
europäischen Geschichte. Themenmodul „Ungarn 1944/45–1985",
ausgewählt von ANDREAS SCHMIDT-SCHWEIZER [*Dokumentumok és
anyagok a kelet-középeurópai történelemhez. „Magyarország 1944/
45–1985" – tematikai modul, összeállította: Andreas Schmidt-
Schweizer / Documents and materials on East Central European
history. Thematic module "Hungary 1944/45–1985", selected by
Andreas Schmidt-Schweizer*]. Marburg 2020. URL: https://www.
herder-institut.de/go /bwA-15c3b.

HORN, GYULA: Freiheit, die ich meine. Erinnerungen des ungarischen
Außenministers, der den Eisernen Vorhang öffnete [*Freedom, I
mean. Memories of the Hungarian Foreign Minister who opened the
Iron Curtain*]. Hamburg 1991. [*Magyar kiadás: HORN GYULA: Cölöpök.
Budapest, 1991.*]

HORVÁTH, ISTVÁN: Die Sonne ging in Ungarn auf. Erinnerungen an
eine besondere Freundschaft [*The sun rose in Hungary. Memories
about a special friendship*]. München 2000. [*Magyar kiadás:
HORVÁTH ISTVÁN: Európa megkísértése. Budapest, 1991.*]

KILÉNYLI, GEZA (ed.): Egy alkotmány-előkészítés dokumentumai
(Kísérlet Magyarország új Alkotmányának megalkotására, 1988–
1990) [*Dokumente einer Verfassungsvorbereitung (Versuch der
Schaffung einer neuen Verfassung Ungarns, 1988–1990) /
Documents of a preparation of the Constitution (Attempt to create a
new Hungarian Constitution, 1988–1990)*]. Budapest 1991.

KIMMEL, EMIL (ed.): Kongresszus '89. Rövidített, szerkesztett
jegyzőkönyv az 1989. Október 6–9. között tartott kongresszus
anyagából [*Kongress '89. Gekürztes, redigiertes Protokoll aus dem
Material des vom 6. bis 9. Oktober 1989 abgehaltenen Kongresses /
Congress '89. Abridged, edited minutes from the material of the
Congress held from 6 to 9 October 1989*]. Budapest 1990.

KURTÁN, SÁNDOR [et al.] (eds.): Magyarország Politikai Évkönyve 1988 [*Politisches Jahrbuch Ungarns 1988 / Political Yearbook of Hungary 1988*]. Budapest 1989.

KURTÁN, SÁNDOR [et al.] (eds.): Magyarország Politikai Évkönyve 1989 [*Politisches Jahrbuch Ungarns 1989 / Political Yearbook of Hungary 1989*]. Budapest 1990.

KURTÁN, SÁNDOR [et al.] (eds.): Magyarország Politikai Évkönyve 1990 [*Politisches Jahrbuch Ungarns 1990 / Political Yearbook of Hungary 1990*]. Budapest 1991.

MINK, ANDRÁS (ed.): Rendszerváltás [*Systemwechsel / Change of system*] (= Nemzet és Emlékezet). Budapest 2018.

RAINER, JANOS M. (eds.): A Monori tanácskozás. 1985. június 14–16. [*Die Konferenz von Monor. 14.–16. Juni 1985 / The conference of Monor. June 14–16, 1985*]. Budapest 2005.

ROMSICS, IGNÁC (ed.): Magyar történeti szöveggyűjtemény 1914–1999 [*Ungarische historische Textsammlung 1914–1999 / Hungarian historical text collection 1914–1999*]. Budapest 2000.

SÁRKÖZY, TAMÁS (ed.): Ausländische Investitionen in Ungarn. Recht und Praxis [*Külföldi befektetések Magyarországon. Jog és gyakorlat / Foreign investment in Hungary. Law and practice*]. Budapest 1989.

SCHMIDT-SCHWEIZER, ANDREAS (ed.): Die politisch-diplomatischen Beziehungen in der Wendezeit 1987–1990 (= Quellen zu den Beziehungen zwischen der Bundesrepublik Deutschland und Ungarn 1949–1990, Bd. 3) [*Politikai-diplomáciai kapcsolatok a rendszerváltás idején 1987–1990 (= Források a nyugatnémet-magyar kapcsolatok történetéhez 1949–1990, 3. köt.) / Political-diplomatic relations in the period of change 1987–1990 (= Sources on relations between the Federal Republic of Germany and Hungary 1949–1990, Vol. 3)*]. Berlin/Boston 2018.

SCHMIDT-SCHWEIZER, ANDREAS: „Bár a többpártrendszerű politikai berendezkedés nyilvánvalóan egy sor hátránnyal jár [...]". A rendszerváltás első "forgatókönyve". Dokumentum *[„Obwohl das Mehrparteiensystem offensichtlich mit einer Reihe von Nachteilen einhergeht...". Das erste „Drehbuch" des Systemwechsels. Dokument. / "Although the multi-party political system is obviously connected with a number of disadvantages [...]". The first "script" of political transformation. Document]*. In: Történelmi Szemle 51 (2009) 1, 145–153.

SOÓS, LÁSZLÓ (ed.): A Magyar Szocialista Munkáspárt Központi Bizottságának 1989. évi jegyzőkönyve [*Protokolle des Zentral-komitees der Ungarischen Sozialistischen Arbeiterpartei des Jahres 1989 / Minutes of the Central Committee of the Hungarian Socialist Workers' Party of 1989*]. Budapest 1993.

VASS, HENRIK (ed.): A Magyar Szocialista Munkáspárt határozatai és dokumentumai 1985–1989 [*Beschlüsse und Dokumente der Ungarischen Sozialistischen Arbeiterpartei 1985–1989 / Decisions and documents of the Hungarian Socialist Workers' Party 1985–1989*]. Budapest 1994.

Literatur – Irodalom – Literature

ASH, TIMOTHY G.: Ein Jahrhundert wird abgewählt. Aus den Zentren Mitteleuropas 1980–1990 [*Egy évszázad leváltva. Közép-Európa központjaiból 1980*–1990]. München/Wien 1990. [*English version: ASH, TIMOTHY G.: The magic lantern the revolution of '89 witnessed in Warsaw, Budapest, Berlin, and Prague. New York 1990.*]

BAYER, JÓZSEF: Vom latenten Pluralismus zur Demokratie [*A latens pluralizmustól a demokráciáig / From latent pluralism to democracy*]. In: DEPPE, RAINER [et al.] (eds.): Demokratischer Umbruch in Osteuropa [*Demokratikus átalakulás Kelet-Európában / Democratic change in Eastern Europe*]. Frankfurt am Main 1991, 151–166.

BÉKÉS, CSABA: *Enyhülés és emancipáció.* Magyarország, a szovjet blokk és a nemzetközi politika 1944–1991[*Entspannung und Emanzipation. Ungarn, der Sowjetblock und die internationale Politik 1944–1991 / Détente and emancipation. Hungary, the Soviet bloc and international politics 1944–1991*]. *Budapest 2019.*

BIHARI, MIHÁLY: Magyar politika, 1945–1995: a magyar politikai rendszer történetének főbb szakaszai a második világháború után [*Ungarische Politik, 1945–1995: Hauptphasen der Geschichte des ungarischen politischen Systems nach dem Zweiten Weltkrieg / Hungarian politics, 1945–1995: Main phases in the history of the Hungarian political system after the Second World War*]. Budapest 1996.

BOS, ELLEN: *Verfassungsgebung und Systemwechsel.* Die Institutionalisierung von Demokratie im postsozialistischen Osteuropa [*Alkotmányozás és rendszerváltás. A demokrácia intézményesítése a posztszocialista Kelet-Európában / Constitutionalization and system change. The institutionalization of democracy in post-socialist Eastern Europe*]. Wiesbaden 2004.

BOZÓKI, ANDRÁS (ed.): The Roundtable Talks of 1989. The Genesis of Hungarian Democracy. Analysis and Documents [*Die Rundtischgespräche von 1989. Genese der ungarischen Demokratie. Analyse und Dokumente / Kerekasztal-tárgyalások 1989–ben. A magyar demokrácia születése. Elemzés és Dokumentumok*]. Budapest 2002.

BOZÓKI, ANDRÁS [et al.] (eds.): A rendszerváltás forgatókönyve. Kerekasztal-tárgyalások 1989-ben. Alkotmányos forradalom. Tanulmányok [*Das Drehbuch des Systemwechsels. Rundtisch-Verhandlungen 1989. Verfassungsmäßige Revolution. Studien / The script of the system change. Roundtable negotiations in 1989. Constitutional revolution. Studies*]. Budapest 2000.

BOZÓKI, ANDRÁS [et al.] (eds.): Post-Communist Transition: Emerging Pluralism in Hungary [*Postkommunistischer Übergang: Aufkeimender Pluralismus in Ungarn / Posztkommunista átmenet: kibontakozó pluralizmus Magyarországon*]. London 2016.

BRUNNER, GEORG: Die Verfassungsordnung [*Az alkotmányos rend / The constitutional order*]. In: Brunner, Georg (ed.): Ungarn auf dem Weg der Demokratie. Von der Wende bis zur Gegenwart [*Magyarország a demokrácia útján. A rendszerváltástól a napjainkig / Hungary on the road to democracy. From systemic transformation to the present*]. Bonn 1993, 42–86.

BRUSZT, LÁSZLÓ: 1989: Magyarország tárgyalásos forradalma [*1989: Ungarns ausgehandelte Revolution / 1989: Hungary's negotiated revolution*]. In: KURTÁN, SÁNDOR [et al.] (eds.): Magyarország Politikai Évkönyve 1989 [*Politisches Jahrbuch Ungarns 1989 / Political Yearbook of Hungary 1989*]. Budapest 1990, 160–166.

BRUSZT, LÁSZLÓ/ STARK, DAVID: Remaking the Political Field in Hungary: From the Politics of Confrontation to the Politics of Competition [*Neuordnung des politischen Bereichs in Ungarn: Von der Politik der Konfrontation zur Politik des Wettbewerbs / A politikai tér újjászervezése Magyarországon: a konfrontáció politikájától a versenyalapú politikáig*]. In: BANAC, IVO (ed.): Eastern

Europe in Revolution [Osteuropa in einer Revolution / Kelet Európa forradalomban]. Ithaca 1992, 13–55.

DIERINGER, JÜRGEN: *Das politische System der Republik Ungarn. Entstehung – Entwicklung –* Europäisierung [*A Magyar Köztársaság politikai rendszere. Keletkezés – Fejlődés – Európaiasodás / The political system of the Republic of Hungary. Origin – Evolution – Europeanization*]. Opladen 2009.

DÖMÖTÖRFI, TIBOR/SCHMIDT-SCHWEIZER, ANDREAS: A magyar-nyugatnémet kapcsolatok dinamikus időszaka: a diplomáciai kapcsolatok felvételétől a határnyitásig, 1973–1989 [*Die dynamische Phase der westdeutsch-ungarischen Beziehungen: Von der Aufnahme der diplomatischen Beziehungen bis zur Grenzöffnung, 1973–1989 / The dynamic phase of West German-Hungarian relations: From the establishment of diplomatic relations to the opening of the border, 1973–1989*]. In: Külügyi Szemle 13 (2014) 4, 19–43.

ELEK, ISTVÁN: Rendszerváltoztatók húsz év után [*Transformer nach zwanzig Jahren / Transformers after twenty years*]. Budapest 2009.

GAJEWSKI, ALEXANDER: Demokratisierungsprozesse in Ungarn und Portugal. Der Einfluss kollektiver Akteure auf die Herausbildung parlamentarischer Regierungssysteme [*Demokratizálódási folya-matok Magyarországon és Portugáliában. Kollektív szereplők be-folyása a parlamentáris kormányzati rendszerek kialakulására / Democratisation processes in Hungary and Portugal. The Influence of Collective Actors on the Formation of Parliamentary Systems of Government*]. Hamburg 2015.

HANKISS, ELEMÉR: A „Nagy Koalíció" avagy a hatalom konvertálása [*Die „Große Koalition" oder die Konvertierung der Macht / The "grand coalition" or the conversion of power*]. In: Valóság 32 (1989) 2, 15–31.

KÉRI, LÁSZLÓ: A rendszerváltás krónikája, 1988–2009 [*Chronik des Systemwechsels, 1988–2009 / Chronicle of the system change, 1988–2009*]. Budapest 2010.

KIRÁLY, BÉLA K./ BOZÓKI, ANDRÁS: Lawful Revolution in Hungary, 1989–94 [*Törvényes forradalom Magyarországon, 1989–94 / Rechtmäßige Revolution in Ungarn, 1989–94*]. New York 1995.

KULCSÁR, KÁLMÁN: Systemwechsel in Ungarn 1988–1990 [*System change in Hungary 1988–1990*]. Frankfurt am Main 1997. [*Magyar kiadás: KULCSÁR KÁLMÁN: Két világ között. Rendszerváltás Magyarországon 1988–1990. Budapest, 1994.*]

LAKI, LÁSZLÓ: A rendszerváltás, avagy a „nagy átalakulás". 20 év után [*Der Systemwechsel oder die „große Umgestaltung". 20 Jahre danach / The change of system or the "great transformation". 20 years later*]. Budapest 2009.

LENDVAI, PAUL: Das eigenwillige Ungarn. Von Kádár zu Grósz [*Az akaratos Magyarország. Kádártól Grószig / The headstrong Hungary. From Kádár to Grósz*]. Zürich ²1988.

MAJOROS, FERENC: Ungarns neue Verfassungsordnung: Die Genese einer neuen demokratischen Republik nach westlichen Maßstäben, I [*Magyarország új alkotmányos rendszer: egy nyugati mércéknek megfelelő új demokratikus köztársaság keletkezése I / Hungary's New Constitutional Order: The Genesis of a New Democratic Republic by Western Standards, I*]. In: Osteuropa Recht 36 (1990) 2, 85–99.

MAJOROS, FERENC: Ungarns neue Verfassungsordnung: Die Genese einer neuen demokratischen Republik nach westlichen Maßstäben, II [*Magyarország új alkotmányos rendszer: egy nyugati mércéknek megfelelő új demokratikus köztársaság keletkezése II / Hungary's New Constitutional Order: The Genesis of a New Democratic Republic by Western Standards, II*]. In: Osteuropa-Recht 36 (1990) 3, 161–174.

MONG, ATTILA: Kádár hitele. A magyar államadósság története 1956–1990 [*Kádárs Kredit. Die Geschichte der ungarischen Staatsverschuldung 1956–1990 / Kádár's loan. The history of Hungarian public debt 1956–1990*]. Budapest 2012.

O'NEIL, PATRICK H.: Revolution from within: the Hungarian Socialist Workers' Party and the Collapse of Communism [*Revolution von innen: Die Ungarische Sozialistische Arbeiterpartei und der Zusammenbruch des Kommunismus / Forradalom belülről: a Magyar Szocialista Munkáspárt és a kommunizmus összeomlása*]. Michigan 1998.

OPLATKA, ANDREAS: Der erste Riss in der Mauer. September 1989 – Ungarn öffnet die Grenze [*The first crack in the wall. September 1989 – Hungary opens the border*]. Wien 2009. [*Magyar kiadás: OPLATKA ANDRÁS: Egy döntés története – Magyar határnyitás 1989. szeptember 11. nulla óra. Budapest, 2010.*]

OPLATKA, ANDREAS: Németh Miklós [*Miklós Németh*], Budapest 2014.

PAETZKE, HANS-HENNING: Andersdenkende in Ungarn [*Másként-gondolkodók Magyarországon / Dissenters in Hungary 1989*]. Frankfurt am Main 1986.

PÁLLINGER, ZOLTÁN TIBOR: Die politische Elite Ungarns im System-wechsel 1985–1995 [*A magyarországi politikai elit a rendszer-váltásban 1985–1995 / The Hungarian political elite during the system change 1985–1995*]. Bern 1997.

RÉFI, ATTILA: Az MSZMP bomlási folyamata a párt és tagjai viszonya tükrében (1985–1989) [*Der Zerfallsprozess der MSZMP im Spiegel des Verhältnisses von Partei und Mitgliederschaft (1985–1989) / The process of disintegration of MSZMP as reflected in the relationship between party and party members (1985–1989)*]. In: Múltunk 54 (2009) 4, 64–91.

RIPP, ZOLTÁN: Rendszerváltás Magyarországon 1987–1990 [*System-wechsel in Ungarn 1987–1990 / System change in Hungary 1987–1990*]. Budapest 2006.

ROMSICS, IGNÁC: Magyarország története a XX. században [*Geschichte Ungarns im XX. Jahrhundert*]. Budapest ²2000. [*English version: ROMSICS, IGNÁC: Hungary in the Twentieth Century. Budapest 1999.*]

ROMSICS, IGNÁC: Volt egyszer egy rendszerváltás [*Once upon a time there was a system change*]. Budapest 2003. [*Deutsche Ausgabe: ROMSICS, IGNÁC: Es war einmal... . Ungarns Aufbruch zur Demokratie (= Studien zur Geschichte Ungarns, 8). Herne 2006.*]

SÁRKÖZY, TAMÁS: Das Privatisierungsrecht in den ehemaligen sozialistischen Staaten Europas [*Privatisation law in the former socialist states of Europe*] (= Begegnungen. Schriftenreihe des Europa-Instituts Budapest, 30), Budapest 2009. [*Magyar kiadás: SÁRKÖZY TAMÁS: Rendszerváltozás és a privatizáció joga. A tulajdonváltozás joga a volt szocialista országokban. Budapest, 1997.*]

SCHMIDT [-SCHWEIZER], ANDREAS S.: Die politischen Auseinandersetzungen am „Nationalen Runden Tisch" in Ungarn (1989). Systemtransformation „auf dem Verhandlungsweg"? [*Politikai diskurzusok a „Nemzeti Kerekasztal"-nál Magyarországon (1989). Rendszerváltás „tárgyalásos úton"? / The political struggles at the "National Round Table" in Hungary (1989). System transformation "by negotiation"?*]. In: Südosteuropa 46 (1997) 1/2, 37–64.

SCHMIDT [-SCHWEIZER], ANDREAS S.: Die Unabhängige Kleinlandwirte-Partei im gegenwärtigen Ungarn: Versuch einer politischen „Wiederbelebung" [*A Független Kisgazdapárt a mai Magyarországon: egy politikai „újjáélesztési" kísérlet / The Independent Smallholders' Party in Present Hungary: Attempt at a Political "Revival"*]. In: Südosteuropa Mitteilungen 32 (1992) 4, 281–301.

SCHMIDT [-SCHWEIZER], ANDREAS S.: Die Ungarische Sozialistische Partei (MSZP) 1989–1994. Entstehung und Wandel einer „Nachfolgepartei" [*A Magyar Szocialista Párt (MSZP) 1989–1994. Egy „utódpárt" létrejötte és átalakulása / The Hungarian Socialist Party (MSZP) 1989–1994: Emergence and transformation of a "successor party"*]. In: Südosteuropa-Mitteilungen 34 (1994) 3, 202–220.

SCHMIDT-SCHWEIZER, ANDREAS: Akteure des ungarischen Systemwechsels in der zweiten Hälfte der 1980er Jahre. Eine vergleichende Skizze [*A magyar rendszerváltás szereplői az 1980-as évek másik felében. Összehasonlító vázlat / Actors of the Hungarian system change in the second half of the 1980s. A comparative outline*]. In: APELT, ANDREAS H. [et al.] (eds.): Die ostmitteleuropäischen Freiheitsbewegungen 1953–1989. Opposition, Aufstände und Revolutionen im kommunistischen Machtbereich [*A kelet-közép-európai szabadságmozgalmak 1953–1989. Ellenzék, felkelések és forradalmak a kommunista hatalmi térben / The East Central European Freedom Movements 1953–1989: Opposition, Uprisings and Revolutions in the Communist Sphere of Power*]. Berlin 2014, 71–82.

SCHMIDT-SCHWEIZER, ANDREAS: Die Öffnung der ungarischen Westgrenze für die DDR-Bürger im Sommer 1989. Vorgeschichte, Hintergründe und Schlussfolgerungen [*Magyarország nyugati határának megnyitása az NDK polgárai előtt 1989 nyarán. Elő-történet, háttér és következmények / The opening of the Hungarian western border to GDR citizens in the summer of 1989. History, background, and conclusions*]. In: Südosteuropa-Mitteilungen 37 (1997) 1, 33–53.

SCHMIDT-SCHWEIZER, ANDREAS: Die Staatspartei in Ungarn (1944–1989). Vom Vasallen Moskaus zum Vorreiter der Systemtrans-formation [*Az állampárt Magyarországon (1944–1989). Moszkva vazallusából a rendszerváltás úttörőjének szerepéig / The State Party in Hungary (1944–1989). From a vassal of Moscow to a pioneer of system transformation*]. In: BACKES, UWE [et al.] (eds.): Staatssozialismen im Vergleich. Staatspartei – Sozialpolitik – Opposition [*Államszocializmusok összehasonlítva. Állampárt – Szociálpolitika – Ellenzék / State socialisms in comparison. State Party – Social Policy – Opposition*]. Göttingen 2019, 191–207.

SCHMIDT-SCHWEIZER, ANDREAS: Politische Geschichte Ungarns 1985–2002. Von der liberalisierten Einparteienherrschaft zur Demokratie in der Konsolidierungsphase [*Magyarország politikatörténete 1985–2002. A liberalizált egypárturalomtól a konszolidációs fázisban levő demokráciáig / Political history of Hungary 1985–2002: From liberalized one-party rule to democracy in the consolidation phase*] (= Südosteuropäische Arbeiten, 132). München 2007.

SITZLER, KATHRIN: Ungarns politische Reformen im Spiegel der neuen Verfassungskonzeption [*A magyarországi politikai reformok az új alkotmány koncepciója tükrében /Hungary's political reforms reflected in the new constitutional concept*]. In: Aus Politik und Zeitgeschichte (1989) 23, 29–38.

SITZLER, KATHRIN: Die Anfänge eines politischen Pluralismus in Ungarn [*A politikai pluralizmus kezdetei Magyarországon / The beginnings of political pluralism in Hungary*]. In: Südosteuropa 38 (1989) 11/12, 678–694.

SITZLER, KATHRIN: Ungarn. Von der schrittweisen Reform zum Systemwechsel [*A lepésről lépésre történő reformtól a rendszerváltásig / From gradual reform to system change*]. In: ALTMANN, FRANZ-LOTHAR/ HÖSCH, EDGAR (ed.): Reformen und Reformer in Osteuropa [*Reformok és reformerek Kelet-Európában / Reforms and reformers in Eastern Europe*]. Regensburg 1994, 70–95.

SZŰCS, ZOLTÁN GÁBOR: Az antalli pillanat: a nemzeti történelem szerepe a magyar politikai diskurzusban 1989–1993 [*Der Antall'sche Augenblick: Die Rolle der Nationalgeschichte im ungarischen politischen Diskurs 1989–1993 / The Antall moment: the role of national history in Hungarian political discourse 1989–1993*]. Budapest 2010.

TŐKÉS, RUDOLF: Hungary's Negotiated Revolution. Economic Reform, Social Change and Political Succession 1957–1990 [*Ungarns verhandelte Revolution. Ökonomische Reform, sozialer Wandel und politische Nachfolge 1957–1990*]. Cambridge 1996. [*Magyar kiadás: TŐKÉS RUDOLF: A kialkudott forradalom: gazdasági reform, társadalmi átalakulás és politikai hatalomutódlás 1957–1990. Budapest, 1998.*]

Dr. Andreas Schmidt-Schweizer

Institut für Geschichtswissenschaft
des Zentrums für Humanwissenschaften
       Történettudományi Intézet
       Bölcsészettudományi Kutatóközpont
          Institute of History
          Research Centre for the Humanities
H-1097 Budapest
Tóth Kálmán u. 4.
schmidt.andreas@btk.mta.hu
www.schmidt-schweizer.info

Der deutsche Text wurde ins Ungarische übersetzt von:
A német szöveget fordította magyarra:
The German text was translated into Hungarian by:
       Ferenc Eiler / Eiler Ferenc

Muttersprachliches Lektorat:
Anyanyelvű lektorátus:
Native-speaking proofreading:
       Karl Dieter Uesseler
       Krisztián Csaplár-Degovics / Csaplár-Degovics Krisztián
       Alexander Middleton

Einbandfoto:
Borítókép:
Cover picture:
       Karolina Schmidt-Schweizer

FSC
www.fsc.org
MIX
Papier | Fördert
gute Waldnutzung
FSC® C083411

Zeitfracht Medien GmbH
Ferdinand-Jühlke-Straße 7
99095 Erfurt, Deutschland
produktsicherheit@kolibri360.de